Alain-Fournier
les chemins d'une vie

En couverture, Alain-Fournier en période militaire à Mirande, 1913 ;
en pages de garde, la place d'Épineuil vue de la fenêtre du premier étage,
photographie prise par Alain-Fournier vers 1900.
Collection de l'auteur.

© le cherche midi éditeur, 1994.

Alain Rivière

Alain-Fournier
les chemins d'une vie

Guide biographique illustré

Préface de Jean-François Deniau
de l'Académie française

Collection « Amor Fati »
dirigée par Jean-Yves Clément

le cherche-midi éditeur
23, rue du Cherche-Midi, 75006 Paris

Alain-Fournier d'après une lithographie de Berthold Mahn.

Sur les bancs du collège, à la leçon de littérature, nous apprenions toujours « l'homme et l'œuvre ». C'était l'école de Sainte-Beuve. On estimait alors qu'on ne pouvait comprendre, apprécier une œuvre sans connaître la vie, les passions, les pulsions de son auteur. Un ouvrage se devait en premier d'être le reflet d'une sensibilité. Sainte-Beuve a été contesté depuis Proust. Il serait récemment remis à l'honneur.

Comment alors ne pas penser au *Grand Meaulnes* ? Il n'y a peut-être pas, dans toute la littérature française, d'œuvre plus intimement liée à l'itinéraire de son auteur. Nous nous retrouvons avec lui sur les chemins du Berry, à Brest dans les tentations de la mer, à Paris dans le monde littéraire, plus loin ou ailleurs, par des lettres ou des photographies, quand il concevait ou écrivait son chef-d'œuvre. Alain Rivière s'est chargé de ce travail de coordination.

Voici sans doute le livre le plus humain écrit sur Alain-Fournier. Le plus érudit aussi puisqu'il sait se nourrir de documents nombreux, dont plusieurs inédits, et qui en font un ouvrage de référence.

Jean-François DENIAU
de l'Académie française

Lorsqu'on parcourt la vie d'Alain-Fournier, on est frappé du temps qu'il passe à attendre et à espérer, enfermé dans de sombres pensionnats et de dégoûtantes casernes. Tant de temps où Henri Fournier semble puni par les hommes pour avoir dès son enfance « fait un bond dans le paradis ». De là cette impression que tout bonheur en ce monde est un bonheur volé qui ne lui appartient pas tout à fait. Mais, à travers ses barreaux où il purge sa peine, celui qui sera l'auteur du *Grand Meaulnes* s'efforce, en écrivant, de conjurer le sort qui l'accable pour rejoindre « *les étranges paradis perdus dont* [il est] *l'habitant* ».

« *Je me suis mis à écrire, simplement, directement,* [...] *comme une de mes lettres, une histoire assez simple qui pourrait être la mienne* », écrit-il à Jacques Rivière le 20 septembre 1910. Deux ans après, c'est *Le Grand Meaulnes*. Il n'aura pas besoin de l'écrire deux fois. Il a suffi d'un livre pour entraîner avec lui tous ceux qui dans le monde sont à la recherche des mêmes paradis et leur faire atteindre « la hauteur » à laquelle il s'était élevé lorsqu'il avait découvert *Le Domaine sans nom*.

Mais cette « hauteur », ce « degré de perfection et de pureté », le chemin pour y parvenir « c'est peut-être la mort, après tout ». C'est Meaulnes qui nous le dit.

C'est pourquoi, en attendant, nous avons voulu vous prendre par la main, à notre tour, pour vous encourager à le suivre ici-bas, puis, très humainement, très concrètement, refaire avec lui la route qu'il n'a mis que vingt-huit ans à parcourir. Vous verrez, alors, si vous nous suivez fidèlement, que n'importe qui, s'il le veut vraiment, peut refaire cette route pour son compte, pourvu qu'il sache « *voir en chaque chose sa dose latente de merveilleux* » et attendre chaque jour, comme lui dans la nuit, le lever du soleil. Alors peut-être découvrirons-nous, que, contrairement à sa crainte, la véritable joie peut être de ce monde.

Dans ce livre, vous trouverez ses chemins et son visage, éclairés de brèves réflexions sages ou mélancoliques, parfois drôles, toujours poé-

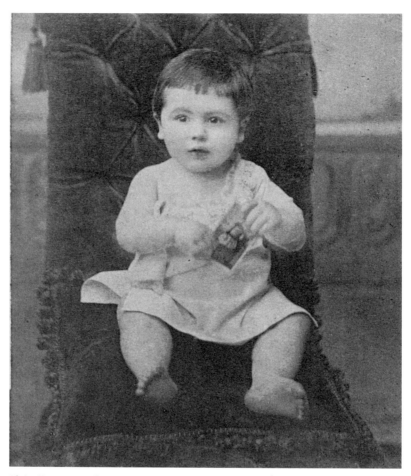

Alain-Fournier à deux ans.

tiques, dont vous pourrez lire, sur les nombreux portraits que nous gar-
dons de lui depuis sa plus petite enfance, les traces qu'y a laissées la vie.
Puis, en feuilletant l'une après l'autre les naïves cartes postales qu'il a
semées pour nous comme des jalons pour le rejoindre, alors nous recon-
naîtrons son appel, comme François Seurel tressaillait en entendant « *le
long cri des bergères sur les coteaux déserts, comme si c'eût été la voix de
Meaulnes* [le] *conviant à le suivre au loin.* »

EPINEUIL (Cher). - Une Rue

Le charron à l'entrée des « petits coins ».

Généralement, à l'heure du dîner, nous nous trouvions tout près du Cours, *chez Desnoues, le charron, qui était aussi maréchal. Sa boutique était une ancienne auberge, avec de grandes portes à deux battants qu'on laissait ouvertes. De la rue on entendait grincer le soufflet de la forge et l'on apercevait à la lueur du brasier, dans ce lieu obscur et tintant, parfois des gens de campagne qui avaient arrêté leur voiture pour causer un instant, parfois un écolier comme nous, adossé à une porte, qui regardait sans rien dire.*

Et c'est là que tout commença, environ huit jours avant Noël. (Le Grand Meaulnes)

Isabelle et Alain-Fournier, deux et cinq ans. (1891)

1891 - 1898
L'ÉCOLIER D'ÉPINEUIL

Merveilleux pays de mon cœur
Fez-la-lointaine n'est pas plus belle,
ni plus ancienne, ni plus enfouie
dans le mystère que vous.

Henri Alban Fournier[1] est né le 3 octobre 1886 à La Chapelle-d'Angillon (Cher) dans la maison de ses grands-parents Barthe.

Sa mère, Albanie, fille unique de Matthieu et Adeline Barthe, porte un nom qui rappelle l'origine de son père, né à Alban en Albigeois. La mère d'Albanie, elle, est berrichonne, née à Sury-ès-Bois de parents cultivateurs appelés Blondeau. Ils eurent quatre filles que, dans le pays,

La maison natale de La Chapelle-d'Angillon au temps des grands-parents Barthe. Isabelle Fournier (en blanc) entourée de sa grand-mère et de son grand-père de part et d'autre de M. et Mme Fournier (au centre). La photo est prise par Alain-Fournier en 1899.

1. Il prendra, en 1907, le demi-pseudonyme d'Alain-Fournier.

11

on appelait « les Blondelles ». La grand-mère d'Henri Fournier s'appelait Flavie-Catherine, mais toute sa vie on l'appela Adeline. Le père d'Henri, Augustin Fournier, est né à Nançay, village distant de vingt kilomètres de La Chapelle. Aîné de six enfants, Augustin est instituteur. C'est au cours de son premier poste au Gué-de-la-Pierre, près d'Aubigny-sur-Nère, et voisin de La Chapelle, qu'il rencontre sa « future » et la fréquente jusqu'à obtenir sa main. Elle aussi sera institutrice. A la naissance d'Henri, les Fournier sont nommés à Marçais dans le sud du département d'où ils partent cinq ans plus tard pour Épineuil-le-Fleuriel.

Le hasard des « changements », une décision d'inspecteur ou de préfet nous avaient conduits là. Vers la fin des vacances, il y a bien longtemps, une voiture de paysan, qui précédait notre ménage, nous avait déposés, ma mère et moi, devant la petite grille rouillée. Des gamins qui volaient des pêches dans le jardin s'étaient enfuis silencieusement par les trous de la haie... (Le Grand Meaulnes)

« *C'est ainsi du moins, que j'imagine aujourd'hui notre arrivée* », ajoute Alain-Fournier dans son roman. Dès la première page en effet, c'est la réalité de ce village et de cette maison qui servira de cadre et de décor à toute son histoire, car, lit-on à l'entrée du préau : « C'est dans cette école où Alain-Fournier fut élève de 1891 à 1898 que naquit le personnage d'Augustin Meaulnes. »

Une longue maison rouge, avec cinq portes vitrées, sous des vignes vierges, à l'extrémité du bourg ; une cour immense avec préaux et buanderie, qui ouvrait en avant sur le village par un grand portail ; sur le côté nord, la route où donnait une petite grille et qui menait vers La Gare, à trois kilomètres ; au sud et par-derrière, des champs, des jardins et des prés qui rejoignaient les faubourgs... tel est le plan sommaire de cette demeure où s'écoulèrent les jours les plus tourmentés et les plus chers de ma vie - demeure d'où partirent et où revinrent se briser, comme des vagues sur un rocher désert, nos aventures... (Le Grand Meaulnes)*
Mais nous, nous « venions au monde » là-dedans, et tout notre cœur, tout notre bonheur, tout ce que nous sentons de doux ou de pénible, nous avons appris à le sentir, à le connaître dans la cour où,

Une longue maison rouge... (Le Grand Meaulnes)

Alain-Fournier et Isabelle dans la classe de leur père à Épineuil vers 1891 (au deuxième rang, au centre).

mélancoliques, les jeudis nous n'entendions que les cris des coqs dans le bourg – et dans la chambre, où par la lucarne, le soleil venait jouer sur mes deux saintes vierges et sur l'oreiller rouge – et dans la classe où entraient avec les branches des pommiers, quand papa faisait « étude », les soirs, tout le soleil doux et tiède de 5 heures, toute la bonne odeur de la terre bêchée.

Tout cela, voyez-vous, pour moi c'est le monde entier – et il me semble que mon cœur en est fait tout entier. (Lettres à sa famille)

Henri fera ses études primaires dans la classe de son père, où sa sœur, la petite Isabelle, le suivra trois ans plus tard.

Isabelle (deux ans) et Alain-Fournier (cinq ans) en 1891.

Les écoles de M. Augustin Fournier en Berry.

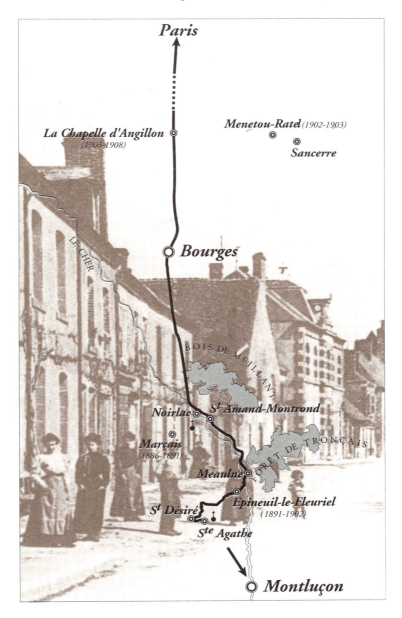

Paris

Menetou-Ratel *(1902-1903)*

Sancerre

La Chapelle d'Angillon
(1903-1908)

LE CHER

Bourges

BOIS DE MEILLANT

Noirlac St Amand-Montrond

Marçais
(1886-1891)

FORÊT DE TRONÇAIS

Meaulne

Epineuil-le-Fleuriel
(1891-1902)

St Désiré

Ste Agathe

Montluçon

Mme Albanie Fournier, mère d'Alain-Fournier (vers 1900).

1898 - 1901
PARIS - LYCÉE VOLTAIRE

Paris que j'ai haï d'une haine de paysan.

Le 3 octobre 1898, Henri a douze ans. Il entre au lycée Voltaire à Paris pour y faire sa classe de sixième. « Il s'arrachait au doux jardin lumineux de notre enfance » écrit Isabelle (*Images d'Alain-Fournier*), qui elle-même était déjà venue à Paris l'année précédente pour subir une opération des deux hanches déboîtées à sa naissance. A neuf ans, elle passe presque toute une année à l'hôpital Trousseau et ne vient que deux mois en vacances chez ses parents. Elle accompagne Henri à sa rentrée pour faire refaire ses plâtres.

Durant ses deux premières années à Paris, Henri est pensionnaire chez Mme Bijard, une ancienne adjointe de M. Fournier à Épineuil qui dirige un pensionnat de jeunes filles.

« *Mornes matinées des dimanches matin au fond de la cour du 196 rue de la Roquette.* » (1903) « *Paris que j'ai commencé par haïr les trois premières années que j'y ai vécu, d'une haine de paysan* » (30.10.1905), avouera-t-il plus tard lorsque la tristesse du petit pensionnaire solitaire se sera dissipée à la découverte des trésors de Paris auxquels il commence déjà de s'initier.

Excellent élève, il collectionne presque tous les premiers prix. A la fin de sa seconde année, sa mère vient assister à la distribution des prix. C'est l'année de l'Exposition universelle. Mme Bijard la leur fait visiter. Nous sommes en 1900.

A la rentrée suivante, Mme Bijard ayant quitté son cours, Henri est pensionnaire à Voltaire. Il y restera jusqu'à la fin de sa quatrième. Il rêve alors de devenir marin et décide brusquement de partir à Brest pour faire ses études d'officier de marine.

« *Je serai marin pour faire des voyages.* »
« *Le départ après avoir mis le feu aux quatre coins du pays.* »
(28.09.1910)

Alain-Fournier au lycée Voltaire, printemps 1900.

Alain-Fournier, élève au lycée Voltaire. (1900)

1901 - 1903
BREST

J'ai vu la mer.

Au terme de sa quatrième, Henri quitte le lycée Voltaire. A son arrivée à Brest, le 30 septembre 1901, son avance est telle qu'il tente de passer directement de la quatrième à la seconde marine.

Il prépare l'École navale et son admission au « Borda ». Un souvenir de cette époque est relaté dans la nouvelle intitulée *Portrait*, où il raconte le destin tragique de son camarade « Pony ». La nouvelle paraîtra en 1911 dans *La Nouvelle Revue française*.

La vie est encore plus dure à Brest qu'à Paris. En raison de l'éloignement, Henri ne rentre à la maison que pour les vacances de Pâques. Six mois loin des siens, pensionnaire à plein temps dans ce sombre lycée, « *un grand monument à l'air caserne* » !... (30.09.1901)

> *Quel goût de la liberté j'avais, et quels regrets... J'aurais voulu aimer quelqu'un. Je cherchais parmi celles que j'avais connues. J'avais quinze ans.* (Isabelle Rivière, Vie et passion d'Alain-Fournier)

Mais Brest le marquera néanmoins. Sans doute Frantz de Galais dût-il à cette période de la vie d'Henri Fournier d'être supposé aspirant de marine (*Le Grand Meaulnes*) et le roman du *Grand Meaulnes* d'être rempli d'images et d'allusions marines.

> *Il y avait, épars le long des tables, quelques vieillards avec des favoris, et d'autres complètement rasés qui pouvaient être d'anciens marins. Près d'eux dînaient d'autres vieux qui leur ressemblaient : même face tannée, mêmes yeux vifs sous des sourcils en broussaille, mêmes cravates étroites comme des cordons de souliers...*
>
> *Mais il était aisé de voir que ceux-ci n'avaient jamais navigué plus loin que le bout du canton ; et s'ils avaient tangué, roulé plus de mille fois sous les averses et dans le vent, c'était pour ce dur voyage sans péril*

qui consiste à creuser le sillon jusqu'au bout de son champ et à retourner ensuite la charrue...

Ce ne fut pas la seule nuit où, réveillé par le bruit de ses pas, je le trouvai ainsi, vers une heure du matin, déambulant à travers la chambre et les greniers – comme ces marins qui n'ont pu se déshabituer de faire le quart et qui, au fond de leurs propriétés bretonnes, se lèvent et s'habillent à l'heure réglementaire pour surveiller la nuit terrienne. (Le Grand Meaulnes)

Brest. - Le Pont tournant fermé et le navire-école, le « Borda ».

1903

BOURGES

Il y avait eu mes amoureuses du temps
où j'étais un potache sur ces pavés.

Dès la deuxième année Henri songe à quitter Brest. Au premier trimestre de la rentrée 1902, il obtient de la direction du lycée de passer un baccalauréat anticipé qu'il réussit. A Noël, contrairement à l'année précédente, il part en vacances chez ses parents qui ont été nommés à La Chapelle-d'Angillon depuis octobre. Il leur annonce qu'il ne retournera plus à Brest ; il renonce au « Borda » et va terminer ses études à Paris. Il entre en janvier au lycée Henri-IV comme pensionnaire pour y faire sa philo, puis quitte Paris pour Bourges où il entre le 30 janvier, pensionnaire au lycée qui portera son nom.

Quand je dis lycée, je pense à Bourges où les draps étaient aussi puants que les plus puants de la caserne. (24.06.1906)

C'est à Bourges cependant qu'Henri Fournier situera le personnage de Valentine dans *Le Grand Meaulnes*, et au jardin de l'Archevêché, les rendez-vous de Frantz avec la petite couturière.

Nous avons de lui, durant ses dernières vacances à Épineuil en 1902, une photo que sa sœur Isabelle a commentée dans ses *Images*.

Au troisième trimestre 1903, Henri passe de justesse à Bourges son baccalauréat de philosophie. Il aura survolé sa carrière scolaire d'une façon assez peu académique, ce qui suffirait à expliquer par la suite ses échecs successifs au concours d'entrée à l'École normale supérieure, n'était sa passion pour l'art et la littérature dont il fut bien plus occupé qu'assidu à son travail d'étudiant.

Entre-temps les parents Fournier, en poste à Épineuil de 1891 à 1902, puis à Menetou-Ratel, près de Sancerre, en 1902, avaient été nommés instituteurs à La Chapelle-d'Angillon à la rentrée de 1903. Ils avaient postulé cette nomination afin de se rapprocher de la grand-mère Barthe qui avait perdu son mari en avril de la même année.

Alain-Fournier. (1902)

Debout près d'une fenêtre de la grande classe, devant le rosier à demi effeuillé par la chaleur, une main assez mollement enfoncée dans sa poche, les cheveux non plus ras, mais abondants et partagés par *une raie de côté*, adolescent déjà malgré l'ovale encore enfantin, c'est Frantz de Galais dans son costume aux ancres marines, le menton levé fièrement, le front brillant *d'orgueilleuse jeunesse*, mais la bouche puérile gonflée comme par *une forte envie de pleurer* – beau visage de jeune héros romantique, plein de hardiesse et de désir ; mais dans les doux yeux tristes le rêve est déjà tout voilé de désespoir, l'enthousiasme alenti d'une sorte de langueur découragée... (Isabelle Rivière, *Images d'Alain-Fournier*)

Bourges

23

Alain-Fournier. (1903)
Sous ses dehors indomptés, je le découvrais tendre, naïf, tout gorgé d'une douce sève rêveuse. (Jacques Rivière, *Miracles*)

Ils habitent depuis ce temps leur logement de fonction dans la grande mairie-école au milieu du village. C'est cette maison qu'Alain-Fournier décrit dans *Le Grand Meaulnes* comme la maison d'Augustin Meaulnes.

Les Fournier y habiteront jusqu'en 1908.

C'est au dernier chapitre du *Grand Meaulnes* qu'Alain-Fournier fait revenir son héros sur les traces de Valentine et c'est à Bourges *« à l'extrémité des nouveaux faubourgs »* qu'il découvre sa maison qu'elle a quittée pour retourner à Paris. Il eût voulu lui demander pardon. C'était avant que François ne vînt lui apprendre qu'il avait retrouvé Yvonne de Galais...

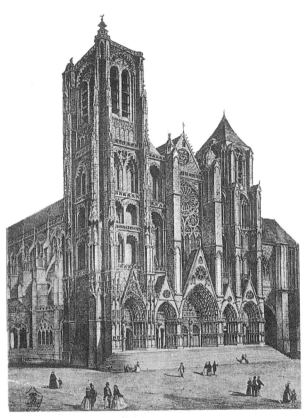

Bourges, la Cathédrale.

Longtemps, à bicyclette, il erra autour de la cathédrale, se disant obscurément : « En somme, c'est pour la cathédrale que j'étais venu. » Au bout de toutes les rues, sur la place déserte, on la voyait monter énorme et indifférente. Ces rues étaient étroites et souillées comme les ruelles qui entourent les églises de village. Il y avait çà et là l'enseigne d'une maison louche, une lanterne rouge... Meaulnes sentait sa douleur perdue, dans ce quartier malpropre, vicieux, réfugié, comme aux anciens âges, sous les arcs-boutants de la cathédrale. Il lui venait une crainte de paysan, une répulsion pour cette église de la ville, où tous les vices sont sculptés dans des cachettes, qui est bâtie entre les mauvais lieux et qui n'a pas de remède pour les plus pures douleurs d'amour. (Le Grand Meaulnes)

Alain-Fournier en uniforme de Lakanal. (1905)

1903 - 1906
LYCÉE LAKANAL

Oh ! Ces grands désirs
qui s'écrasent contre une fenêtre !

Henri Fournier et Jacques Rivière sont entrés au lycée Lakanal en octobre 1903 pour y préparer l'entrée à l'École normale supérieure. Jacques Rivière y restera seulement jusqu'à la fin de l'année scolaire 1904-1905 et échouera au concours. Henri Fournier y demeurera un an de plus. Il ne s'est pas présenté en 1905, ne se jugeant pas suffisamment prêt. Mais il ne sera pas plus heureux l'année suivante et échouera aussi au concours dès l'écrit.

L'amitié entre les deux jeunes gens ne se manifeste pas d'emblée : « pendant un an nous ne fîmes que nous battre », écrit Rivière à André Gide. Mais elle n'en fut pas moins profonde lorsqu'ils commencèrent à mieux se connaître. Ils découvrent alors la communauté de leurs goûts à l'occasion d'une lecture en classe par leur professeur d'un poème d'Henri de Régnier : « Tel qu'en songe »... Ensemble, ils perçoivent « cette voix comme à l'avance dirigée vers notre cœur que tout à coup Henri de Régnier nous fit entendre ». (Jacques Rivière, *Miracles*) « Nous fûmes bouleversés d'un enthousiasme si pareil que notre amitié en fut brusquement portée à son comble. » (Jacques Rivière, *Miracles*)

Désormais, plus que le programme de l'École, c'est l'art et la littérature qui les intéressent et qui les poussent chaque dimanche à courir dans Paris à tous les concerts, toutes les expositions et à fouiller les libraires et les revendeurs des quais pour y trouver des livres.

Après une première année d'apprentissage, l'année 1904-1905 apporte ainsi aux deux amis de grands enrichissements spirituels qui approfondissent leur amitié. Lorsqu'ils seront séparés après le retour de Jacques à Bordeaux au cours de l'année 1906, ils échangeront une immense correspondance qui est un monument pour la connaissance de

Sceaux — Parc du Lycée Lakanal

J. Blunck, édit., Bourg-la-Reine

ce présente pour faire amacir qu'il y a trois morts, tout je ne suis pas - deux

Le parc de Lakanal, qui fut celui de la duchesse du Maine et de la Cour de Sceaux, est un endroit merveilleux ; il dévale lentement vers Bourg-la-Reine. La grande allée vient aboutir à une grille qui donne sur un chemin peu fréquenté ; un banc la termine, où, parmi toute cette banlieue, on peut avoir l'illusion d'une relative solitude. C'est sur ce banc que chaque jour, pendant l'heure de récréation qui suivait le déjeuner, je venais m'asseoir avec Fournier. (Jacques Rivière, préface à *Miracles*)

leur temps et qui permet de suivre pas à pas l'évolution des deux jeunes gens jusqu'à la mort d'Henri Fournier en 1914. (*Correspondance Jacques Rivière – Alain-Fournier*)

En même temps qu'Henri entre au lycée Lakanal, Isabelle devient pensionnaire au lycée de Moulins. Une correspondance se noue entre les deux lycéens qui se confient leurs sentiments, leurs découvertes et leurs lectures. Henri soumet à sa sœur ses premiers essais poétiques. (*Lettres à sa famille et à quelques autres*) Elle partage aussi ses premiers émois amoureux : une petite jeune fille, nommée Yvonne, rencontrée dans le train de Bourg-la-Reine qui les conduit à la gare du Luxembourg lorsqu'ils vont à Paris. « Rien de sérieux, tu comprends, une jolie rencontre, ce n'est qu'une gamine. » (Isabelle Rivière, *Images d'Alain-Fournier*)

Mais des lettres sont échangées, dont deux qui tombent entre les mains des parents. Ils prennent mal la chose. La rupture est exigée. Elle se fait avec quelques larmes et les lettres sont rendues. L'une d'elles a pu être retrouvée. (*Alain-Fournier, sa vie et le Grand Meaulnes*) Elle date du 11 avril 1905.

En voici un extrait encore tout embrumé du souvenir d'Épineuil :

Je me rappelais, avec tant au cœur de douce nostalgie, les matins de dimanches où ma mère m'emmenait à la messe (tout petit, un col marin blanc, et me tenant à sa robe). Elle, passé la grille de notre immense cour, commençait à mettre ses gants, lentement à ses longs doigts, à boutonner au poignet, en serrant un peu les lèvres, chaque bouton des gants de peau qui sentaient l'armoire, les sachets du salon, l'encens et le pain bénit. Lentement, elle fermait une à une chaque boutonnière, et, lorsque nous arrivions au mur moussu de l'église dont on entendait, avant d'entrer, les chants, la clochette et le sacristain, elle avait de longues mains parfumées, douces et « ocre » qui me poussaient doucement sous le porche...

Madame Fournier à La Chapelle-d'Angillon. (1905)

Mais la correspondance entre le frère et la sœur ne se limite pas toujours à ces graves sujets. Ils se racontent aussi de bien jolies histoires qui donnent une idée de leur talent naissant et de leur humour.

Lakanal, le 30 mai 1906, à sa sœur Isabelle :

> *Je pense aussi à cette classe de l'année dernière où l'on rendait les copies de bizuths ; les dernières étaient mauvaises... Para... Chazelas... Mauvais devoirs... Et pour nous les anciens, c'était une petite réjouissance d'entendre le P. Meur dire : « Chazelas, le savoir dans l'ensemble est maigre, etc. Para il aurait fallu augmenter le développement d'une façon plus grande, etc., etc. »... Et alors Chesneau se retournant vers nous, pontifiant : « Après la copie de Chazelas, hélas ! Mais après la copie de Para » nous tous en chœur : « Holà ! »*

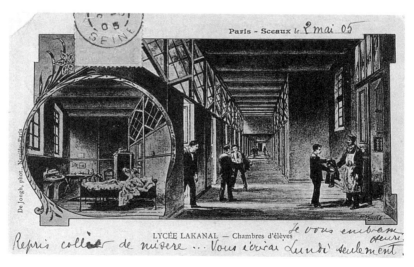

A ses parents. (2.05.1905)

1905 - 1906
LA RENCONTRE – L'ANGLETERRE

J'ai vu le visage de la Beauté,
de la pureté et de la grâce.

Le 1ᵉʳ juin 1905 Henri Fournier rencontre une jeune fille à la sortie du « Salon de la Nationale » au Grand Palais. Il la suit le long du Cours-la-Reine, puis sur un bateau-mouche jusque devant sa maison, boulevard Saint-Germain. Sur le bateau, il écrit fiévreusement sur un carnet les premières lignes qu'il transposera textuellement dans son récit de la rencontre avec Yvonne de Galais.

 « Chacun des jours suivants, écrira-t-il plus tard, je suis revenu guetter, attendre sous ses fenêtres (chaque fois que j'ai pu m'échapper de Lakanal »... « Le samedi soir, veille de la Pentecôte, par une averse éclatante, habillée de noir, un livre à la main, elle a soulevé le rideau, et elle a souri de me retrouver là. [...] Le lendemain matin,

Alain-Fournier. (1905)

Vendredi - Je n'arriverai que dimanche soir . 6 h½

303 PARIS. — Le Pont Alexandre III. — LL.

(Bons baisers à tous . Henri)

A son père. (29.12.1905)

dimanche de la Pentecôte, je me suis mis en uniforme. Je ne veux pas lui mentir ; elle doit savoir que je ne suis encore qu'un collégien. » (Isabelle Rivière, *Images d'Alain-Fournier*)

Lorsque la jeune fille sort de chez elle pour aller à la messe, Henri lui murmure au passage « *Vous êtes belle !* », comme dans *Pelléas* de Debussy, et il murmure en lui-même : « *Ma destinée ! Toute ma destinée !* »

Il la suit jusqu'à l'église Saint-Germain-des-Prés où elle assiste à la messe. Il la découvre dans une chapelle écartée : « *Le grand chapeau de roses est incliné sur deux mains jointes.* » A la sortie, il l'aborde et lui demande de le pardonner. Une conversation s'engage et tous deux descendent lentement le boulevard jusqu'à la Seine qu'ils longent jusqu'au pont des Invalides. C'est là qu'ils se séparent. « *Nous sommes des enfants, nous avons fait une folie, disait-elle. Si grande était sa candeur et notre hauteur qu'on ne savait pas de quelle folie elle avait voulu parler : il n'y avait pas encore eu de prononcé un mot d'amour.* » (*Lettres au petit B.*, 6.09.1908)

Henri reste profondément bouleversé par cette rencontre dont il note tous les détails et qu'il transposera littéralement huit ans plus tard dans

Le Grand Meaulnes. La jeune fille, qui était fiancée, se maria durant l'hiver. Il ne l'apprendra que l'année suivante en même temps que son échec à l'École normale :

> *Il me restait ceci à apprendre : Mademoiselle de Quièvrecourt est mariée depuis cet hiver... Déchirement, déchirement sans fin. Ah ! je puis bien partir maintenant. Qu'est-ce qui me reste ici... à part toi, mon ami,* écrit-il à Jacques Rivière. (Correspondance Jacques Rivière – Alain-Fournier, 25.07.1907)

Henri la reverra en 1913. Elle était devenue mère de deux enfants. *Le Grand Meaulnes,* paru la même année, lui sera envoyé dédicacé. Au lendemain de la rencontre, il avait écrit sur la jeune fille ce premier poème.

> *A travers les Étés...*
>
> > *(A une jeune fille.*
> > *A une maison.*
> > *A Francis Jammes.)*
>
> *Attendue*
> *à travers les étés qui s'ennuient dans les cours*
> *en silence*
> *et qui pleurent d'ennui...*
> *Sous le soleil ancien de mes après-midi*
> *lourds de silence,*
> *solitaires et rêveurs d'amour*
> *d'amours sous des glycines, à l'ombre, dans la cour*
> *de quelque maison calme et perdue sous les branches.*
> *A travers mes lointains, mes enfantins étés,*
> *ceux qui rêvaient d'amour*
> *et qui pleuraient d'enfance.*
> *[...] C'est là - que nous allions - tous les deux, n'est-ce pas.*
> *Ce dimanche, à Paris, dans l'avenue lointaine*
> *qui s'était faite alors, pour plaire à notre rêve,*
> *plus silencieuse et plus lointaine, et solitaire...*
> *puis sur les quais déserts des berges de la Seine...*
> *et puis après, plus près de vous, sur le bateau*
> *qui faisait un bruit calme de machine et d'eau...*
>
> > 1905.

Alain-Fournier en lycéen de Lakanal. (1905)

Le lendemain matin, dimanche de la Pentecôte, je me suis mis en uniforme.
(Isabelle Rivière, Images d'Alain-Fournier).

Voyage en Angleterre

Le 2 juillet, un mois après la rencontre avec celle qui deviendra « Yvonne de Galais » dans *Le Grand Meaulnes*, Henri Fournier part pour l'Angleterre où il a trouvé à s'engager pour la durée des vacances comme secrétaire dans une *factory* de papiers peints, la manufacture Sanderson and Son à Chiswick, dans la banlieue ouest de Londres. Il loge chez le secrétaire de l'usine, M. Nightingale, 5 Brandenburgh Road, également à Chiswick. La fabrique existe toujours, située près de Turnam Green et de la Chiswick Baptist Church. Son travail consiste à traduire des lettres commerciales. Pendant ses soirées et ses congés, il écrit des vers et des lettres immenses à son ami Jacques Rivière et à ses parents, sans compter les cartes postales. Il se promène aussi dans les jardins et les *parks*, mais surtout il visite les musées de Londres où il découvre les Préraphaélites tout à fait ignorés en France à l'époque, et se prend d'une grande passion pour cette peinture. Un tableau le frappe spécialement : *La Beata Beatrix* de Dante Gabriel Rossetti qu'il assimile au visage de la jeune fille du Cours-la-Reine.

Le 7 août, il écrit à Isabelle et il décrit sa soirée, seul dans la maison des Nightingale et son petit dîner délicieux pour lequel tout lui avait été

A son père. (20.07.1905)

A Isabelle. (1905)

A son père. (18.08.1905)

Londres

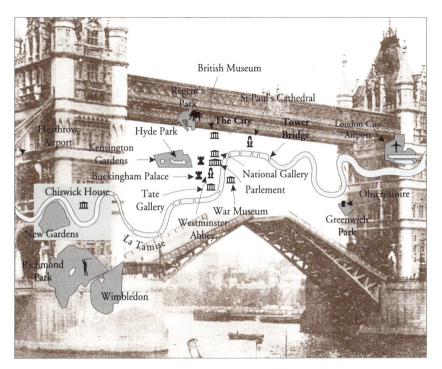

préparé par ses hôtes afin qu'il n'ait plus « *qu'à craquer une allumette pour que tout se mette à chanter comme dans Dickens* ». (Lettres à sa famille). Jacques écrit le 4 août à Henri qui lui répond une lettre de vingt pages où il lui explique ses projets : « *écrire des histoires et n'écrire que des histoires.* » (Lettres à sa famille). Il cherche encore ses maîtres : *David Copperfield* de Dickens, *Germinie Lacerteux* des Goncourt, ou Laforgue... mais ce qu'il veut avant tout, c'est écrire un roman. Puis il lui parle longuement de son pays dont il a la nostalgie : La Chapelle-d'Angillon, Nançay, où il souhaite être enterré... (*Lettres à sa famille*). Il envoie enfin deux poèmes à Jacques Rivière, « *A travers les étés* », dont Rivière lui fera une critique serrée dans une lettre du 20 septembre, puis « *Chant de route* ». (Jacques Rivière, *Miracles*)

Le 17 septembre, il quitte l'Angleterre. Il écrit le 23 septembre : « *Il me semblait vivre au Pays de la Transmutation de toutes les valeurs.* »

Alain-Fournier, autoportrait. (1905)

Entrevision de moi dans une glace, le 26 août 1905, finissant vers trois heures de l'après-midi, au deuxième étage, 5 Brandenburgh Road, London W, la « Chanson de Route ». Je dois cet aspect mohican à un mal de tête imminent qui m'avait forcé à me nouer un mouchoir autour du crâne. (26.08.1905, 3h30)

Alain-Fournier. (1905)

Alain-Fournier. (1905)

J'aime et j'admire beaucoup les traits distinctifs des Anglais : réserve, correction, sobriété de paroles et de tenue, vie intérieure... J'ai la joie intime de me trouver Anglais en quelques points. (Lettres à sa Famille, 14.08.1905)

Les petits pains qui sentaient le
dictionnaire, qui n'étaient pas cuits,
et qui n'étaient plus frais
étaient délicieux.

H. Fournier

Grove Park. Chiswick.   7071 The "Wyndham" Series.

A son père. (18.07.1905)

Année scolaire 1905 - 1906

C'est cette année qu'Henri va tenter le concours de l'École normale. Sa correspondance avec Jacques Rivière, reparti pour
Bordeaux, occupe tous ses loisirs et sera de beaucoup la plus abon-
dante de ces années de séparation. Toutefois, Jacques Rivière saisit
la première occasion pour retrouver son ami et le 23 décembre il
arrive à Paris pour trois jours. Ils vont ensemble à l'Opéra, au
concert, au Louvre, au théâtre. Henri en écrit le détail à sa sœur le
26 décembre du lycée Lakanal, puis il la retrouve à La Chapelle
pour les vacances de janvier. Il y écrit quelques vers.

Vacances de Pâques 1906. Rivière les passe à Segonzac, dans la
maison de sa belle-mère (Jacques a perdu sa mère à l'âge de dix ans
et son père s'est remarié). Le 1er juin, il entre à la caserne de Tarbes
au 53e régiment d'infanterie de ligne pour un an seulement de service militaire car il s'est engagé.

Henri profite de ces vacances à La Chapelle pour raconter à sa sœur la « Belle Aventure » de sa rencontre avec la jeune fille du Cours-la-Reine. (Isabelle Rivière, *Images d'Alain-Fournier*). En juin, du 14 au 21, Henri passe l'écrit du concours. Ses efforts pour s'y préparer l'ont en fait affaibli ; sa résistance physique s'amenuise. Il n'est pas admissible et le 16 juillet, après l'annonce de son échec, il part à La Chapelle pour toutes les vacances. Isabelle de son côté passe avec succès son baccalauréat à Moulins.

Rivière quitte Tarbes pour le 144ᵉ régiment d'infanterie à Bordeaux. Il écrit sur Claudel « *sa seule passion* ». Il fait connaissance avec l'œuvre de Gide qui l'enivre littéralement. Pour la rentrée, les Fournier décident Maman Barthe, la grand-mère d'Henri, à l'accompagner à Paris avec Isabelle pour tenir leur ménage. Henri doit entrer à Louis-le-Grand pour une troisième année de khâgne et Isabelle va préparer son entrée à l'école de Sèvres. Ils habiteront tous les trois 60, rue Mazarine. « *Quel crime*, avouera Fournier, *d'avoir transplanté ma grand-mère.* » (*Correspondance Jacques Rivière – Alain Fournier*, 9.11.1906). Elle avait soixante et onze ans et n'avait jamais quitté son village.

A son père. (10.01.1906)

La Seine à travers Paris. — Notre-Dame et la Cité

Jacques Rivière. (1905)

A cette heure où je suis dépouillé de tout luxe de pensée, de toute affectation où il ne reste au fond de mes désirs appauvris que le plus essentiel : celui qui n'a même pas de nom ; je vois bien que le seul qui m'ait aidé à approcher de ce monde inconnu et particulier que je désire, est Jacques Rivière avec ses théories limpides, ses grands travaux dits « abstraits ». Et c'est de la même façon, par ces moyens différents, que nous connaissons les pays de France. (Lettres à sa Famille)

ANNÉE SCOLAIRE
1906 - 1907

A présent, je suis seul
avec la dure vie basse.

Le sombre appartement de la rue Mazarine d'où l'on ne voit jamais le soleil, si triste soit-il, va devenir le rendez-vous des anciens camarades de Lakanal avec lesquels Henri a conservé des liens d'amitié. Il y a là Alexandre Guinle, qui deviendra secrétaire de Jean Giraudoux, Raphaël Gueniffey avec qui les deux amis échangèrent des lettres – malheureusement perdues – pendant quelques années ; mais surtout René Bichet, « le petit poète » qui sera leur plus proche ami jusqu'à sa mort survenue en décembre 1912 (*Lettres au petit B.*). Mais c'est vers Jacques, encore au service à Bordeaux, que l'esprit et le cœur d'Henri se tournent sans cesse : *l'inséparable compagnon de ma pensée, et le seul, c'était toi, c'est encore toi.* (Correspondance Jacques Rivière–Alain-Fournier, 11.10.1906) Et Jacques, de son côté, écrit combien son ami lui manque.

Le 14 novembre 1906, mort de la grand-mère Fournier, dont le nom de jeune fille était Charpentier, nom qu'Alain-Fournier donnera dans *Le Grand Meaulnes* aux grands-parents de François Seurel dont le modèle est toutefois celui des grands-parents Barthe.

Le 15 décembre, à Bordeaux, Rivière rend visite pour la première fois à Gabriel Frizeau, afin de parler avec lui de Claudel que ce collectionneur éclairé connaît et qui est son ami. C'est chez Frizeau que Rivière rencontrera André Lhote, Alexis Léger (futur Saint-John Perse). Le 23 décembre 1906, Henri retourne à La Chapelle pour Noël jusqu'au 5 janvier 1907. Il est de nouveau fiévreux et surmené.

Les grandes préoccupations des jeunes gens durant cette période sont d'ordre religieux. « *Pourquoi nous ne serons pas catholiques* », écrit Fournier le 26 janvier, et le 30, Rivière, qui avoue ne s'être pas « *approché si près du catholicisme* » que son ami, reconnaît cependant s'être décidé (sur le conseil de Frizeau) à écrire à Claudel le 23 janvier pour lui demander de répondre à ses questions : « *La réponse, mon jeune aîné, ô vous en qui je me suis confié, la certitude, la réponse, je la veux.* » Il attendra la lettre de Claudel avec une terrible anxiété et lorsqu'il la reçoit le 4 avril, il écrit à Henri : « *Je ne suis plus qu'un tourment affreux.* » C'est le début d'une longue correspondance avec Claudel qui se poursuivra de façon assidue jusqu'à la mort de Rivière. (*Correspondance Paul Claudel – Jacques Rivière*)

Le 29 avril, Jacques rejoint Henri à Paris. Il est en permission libérable et reste avec lui jusqu'au 5 juin. Concerts, expositions, conversations, confidences. Puis, retour de Rivière à Bordeaux et de Fournier à ses études.

Le 16 juillet, Henri est admissible à l'écrit du concours, mais le 24 il est refusé à l'oral. « *L'université ne veut pas de moi.* » (25.07.1907) Le même jour, il apprend le mariage d'Yvonne de Quièvrecourt : « *A présent, je suis seul avec la dure vie basse.* »

> *Tu ne savais pas ce que c'était. C'était comme une âme éternellement avec moi. Avec son amour, je méprisais tout, et j'aimais tout. Il y avait sa hauteur et mon amour, sa grâce et ma force. Nous étions seuls au milieu du monde. Il me semblait hier que, sans elle, rien que traverser la cour aride de la maison me faisait mal. Elle n'était plus là. Je suis seul.* (Correspondance Jacques Rivière – Alain-Fournier)

Grandes vacances - 1907

Jacques invite alors son ami à Cenon dans la maison de son grand-père pour l'aider à surmonter ces échecs.

Arrivé le matin du 3 août, Henri y passe plusieurs jours dans la famille de Jacques entouré par les bontés exquises de ses grandes-tantes.

Le 13 et le 14 août ils vont ensemble en Espagne où Jacques enfant passait régulièrement ses vacances.

Henri revient le 17 août à La Chapelle « *du soleil plein les yeux, des kilomètres plein les jambes, tout ébloui des lumineux paysages marins, français, espagnols* ». (Lettres à sa Famille, 15.08.1907)

A son tour, Fournier invite son ami à La Chapelle : « *Je n'aurais jamais cru quand même que j'aurais osé cette chose énorme : t'amener ici [...] c'est plus terrible et plus décisif que de te présenter une amante.* » (Correspondance Jacques Rivière – Alain-Fournier)

Jacques arrive à La Chapelle le lundi 2 septembre et en repartira le 22. Le séjour marquera Rivière qui, par ailleurs, n'est pas insensible au charme de la sœur de son ami. Tous les deux se fianceront bientôt secrètement, le 2 décembre.

En octobre, début de la correspondance entre Jacques Rivière et le jeune peintre André Lhote, son compatriote rencontré chez Frizeau. Lorsque Jacques quitte Bordeaux, André y reste : les deux amis, auxquels Henri se joindra en 1906, entament un long et riche dialogue qui accompagne désormais en contrepoint celui inauguré par les deux khâgneux de Lakanal.[1]

A son père. (14.08.1907)

1. *Correspondance Jacques Rivière, André Lhote, Alain-Fournier, la peinture, le cœur et l'esprit.*

Dans le même temps, les deux amis ont commencé de publier leurs essais : Rivière, en juillet, dans *L'Occident, Méditation sur l'Extrême-Occident* et en décembre-janvier 1908 sa grande étude sur *Paul Claudel poète chrétien*.

Fournier, lui, publie *Le Corps de la Femme* dans *La Grande Revue* le 25 décembre. Il espérera toujours que « la Demoiselle » aura lu ces pages chastes et délicates qu'il lui dédie en secret. C'est son premier écrit publié, le premier aussi qu'il signe de son demi-pseudonyme Alain-Fournier, écrit avec un trait d'union, pour ne pas être confondu avec le coureur automobile, vainqueur du Paris-Berlin, qui porte le nom d'Henry Fournier.

A son père. (14.08.1907)

Les « tantes » de Jacques Rivière : tante Émilie et tante « Toutou » encadrent Isabelle, assise sur un fauteuil d'osier. (août 1915)

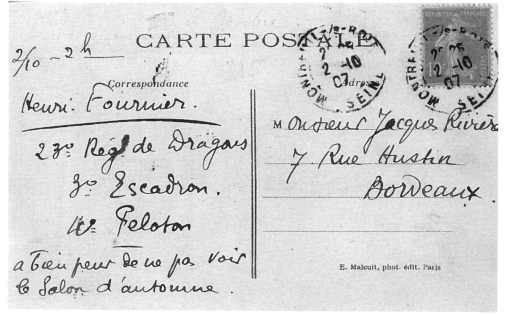

A Jacques Rivière. (2.10.1907)

1907 - 1908
SERVICE MILITAIRE

Allons ! Il faut vivre là, se résigner à cela.

Henri Fournier avait commencé son service le 2 octobre 1907 au 23ᵉ régiment de dragons cantonné à Vincennes. Il ne supporta pas la rigueur de cette vie de cavaliers et obtint, grâce à des appuis, d'être versé dans l'infanterie.

Le 10 novembre, un mois après son incorporation, il passe à la caserne de Latour-Maubourg dans le 104ᵉ régiment d'infanterie.

Très vite il est inscrit comme élève-officier de réserve et fera son stage à Laval du 15 octobre 1908 au 3 mars 1909.

Promu sous-lieutenant, Henri est affecté en avril 1909 au 88ᵉ régiment d'infanterie cantonné à Mirande dans le Gers. Il y passe les six derniers mois de sa vie militaire et y reviendra trois fois : deux fois pour une période militaire de vingt-huit jours en 1911 et en 1913, et, enfin, pour y rejoindre son corps à la mobilisation de 1914.

Dès le début de sa vie de fantassin, Henri connaît les longues marches et les manœuvres épuisantes. Ses itinéraires sont jalonnés de précieuses cartes postales qu'il ne manquera jamais d'envoyer à ses parents et à Jacques de tous les lieux où il cantonne.

1908

Du 29 janvier au 30 mai, plus de lettres à la famille : les parents Fournier ont été nommés dans la banlieue parisienne en cours d'année et prennent leur poste à la rentrée de janvier : M. Fournier à Saint-Mandé, Mme Fournier à Bagnolet. Ils ont déménagé de la rue Mazarine et pris un logement plus grand, 24 rue Dauphine, afin de pouvoir loger toute la famille : eux-mêmes, Henri et Isabelle.

Le 26 février, dernier dimanche du mois, on célèbre rue Dauphine les fiançailles officielles de Jacques et d'Isabelle.

Bonne-maman Barthe retourne alors vivre toute seule dans sa petite maison de La Chapelle. Elle y mourra en 1915.

Jeudi soir - 9 heures, - 10 octobre 190[7]

277 (76) 31

Mes chers Parents,

Allons, il faut vivre là, se résigner à cela. Il faut que cet épouvantable désir d'en sortir s'apaise, et que, me sentant implacablement enfermé là, je commence à y placer mes espoirs, mes désirs, ma pensée, ma vie.

482. VINCENNES — Intérieur du Fort   E. M.

A ses parents. (10.10.1907)

Pas de lettres non plus à Jacques du 1er janvier au 15 avril. Contrairement aux années précédentes, les congés de Pâques ont séparé les deux futurs beaux-frères ; Jacques est parti pour Bordeaux après seulement quelques jours passés avec Henri en permission. Dans sa lettre du 15 avril à Jacques, Henri écrit : « *J'aimerais qu'il y eût dans mes livres, un livre ou un chapitre intitulé : la fin de la jeunesse.* »

Le 17 avril, Henri est nommé caporal. Il est détaché au fort de Vanves où il restera cantonné jusqu'au 1er septembre avec des intermèdes d'exercices et de marches diverses au camp de Maisons-Laffitte dans la forêt de Saint-Germain. En mai, le régiment tout entier part à pied pour le camp de Mailly à 100 km de Paris. La marche dure 7 jours, du 22 au 29 mai.

6 septembre 1908

> *L'année passée, à cette époque, on chantait « Les donneurs de sérénades ». C'était le même temps, attente de l'hiver, feuilles roussies, et bientôt les routes désertes, coupées d'ornières, barrées de brouillard. On chantait « leurs molles ombres bleues... leurs longues robes à queue... » : c'était dans le salon de La Chapelle ; et j'avais dans la bouche ce même goût de choses âcres et mortes. Moi seul, je reste, éternel Clitandre, amoureux de ces mortes fanées, avec leur goût fade, dans la bouche, promeneur désolé dans les sentiers de feuilles pourries. (Lettres au petit B.)*

La 8e tente (13e escouadre) et son caporal. A droite, le caporal d'ordinaire. (15.06.1908)

51

Marche vers le camp de Mailly

Cliché P. Souller, libraire. — Maisons-Laffitte

16   MAISONS-LAFFITTE. — Le Camp, Préparatifs de Revue

A sa famille. (28.04.1908)

Alain-Fournier. (06.1908)

Je crois que je vais être aimé de mes hommes, pour la plupart ivrognes accomplis, mais qui travaillent sans qu'on les commande. (Lettres à sa Famille, 30.05.1908)

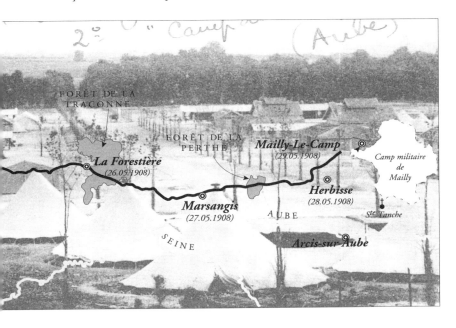

8. — La Queue-en-Brie. (S.-et-O.). — L'Abreuvoir.

A ses parents. (22.05.1908)

Simil-Bromure A. Breger frères, 9, Rue Thénard, Paris. Déposé.

318 26 Mai 08

CARTE POSTALE

Tous les pays étrangers n'acceptent pas la correspondance au recto. (Se ren...

CORRESPONDANCE   ADRESSE

Lundi — J'ai fait l'étape de
Vilbert à Boisdon en boitant, les
nerfs du talon et du cou-de-pied
froissés . A Boisdon : je ne vous ai rien
envoyé : on n'y trouvait ni cartes postales,
ni poste, ni boulanger . De Boisdon à
La Forestière , l'étape est de 30 et qq. kilom.
Tous les sacs ont été mis à la voiture . J'ai
obtenu de marcher avec mes guêtres blanches
et mes souliers de repos , comme les anciens
troupiers . C'est plus fatigant , mais
je n'aurais pu arriver avec mes brodequins .
Je les ai repris ce soir . Demain, nous avons
repos . Je pense pouvoir être à la hauteur

Monsieur Fournier

Instituteur

24. Rue Dauphine . 24.

Paris (VI°)

mercredi . Les noms de pays que je vous ai laissés , sont des adresses "postales". En
réalité nous cantonnons assez loin de ces pays, dans des villages perdus . Le
colonel, au départ , aurait d'après ce qu'on raconte , donné l'ordre de ne nous faire
coucher nulle part en billets de logement . J'avoue avoir horreur de ces cantonnements
tout un peloton dans une grange . J'ai attrapé la nuit dernière un fort
mal de gorge — Je médite depuis longtemps, sur ce voyage une longue

lettre que je n'ai pu encore écrire , faute de temps, de place et de silence .
Je n'ai pas encore reçu , ce soir , la lettre que Jacques m'avait
promise . — Affectueusement à tous , Henri

La Forestière. — La Place.

Miché-Genlint. édit.

A ses parents de Vilbert-Boisdon, La Forestière, où il cantonnera
du 23 au 26 mai 1908.

Je reparlerai de notre arrivée au bord du plateau de La Brie, après 4 jours de marche, devant l'immense plaine de Champagne où nous allons camper. Je reparlerai aussi de ma journée d'Ascension — Je fais remarque pour éviter toutes "violences et revendications", que ma lettre de mardi était adressée à M. Rivière

HERBISSE — Place de la Croix de fer

et sa famille. Baisers à tous. Henri

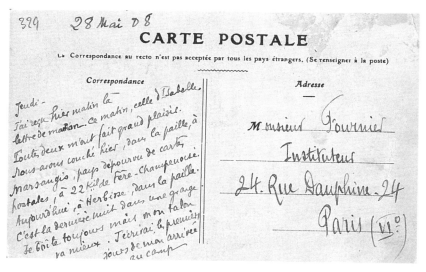

329   28 Mai 08

CARTE POSTALE

La Correspondance au recto n'est pas acceptée par tous les pays étrangers. (Se renseigner à la poste)

Correspondance

Jeudi -
J'ai reçu hier matin la lettre de maman, ce matin, celle d'Isabelle. Toutes deux m'ont fait grand plaisir. Nous avons couché hier, dans la paille, à Marsangis, pays dépourvu de cartes postales, à 22 kil de Fère-Champenoise. Aujourd'hui, à Herbisse, dans la paille. C'est la dernière nuit dans une grange. Je boite toujours mais mon talon va mieux. J'écrirai les premiers jours de mon arrivée au camp

Adresse

Monsieur Fournier
Instituteur
24. Rue Dauphine. 24
Paris (VI°)

A sa famille. (28.05.1908)

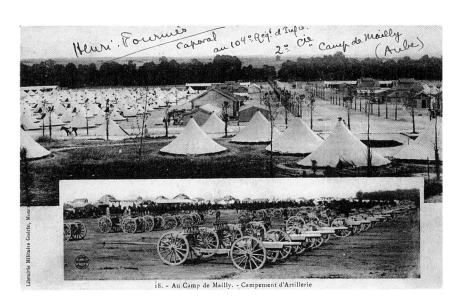

i8. - Au Camp de Mailly. - Campement d'Artillerie

A sa famille. (30.05.1908)

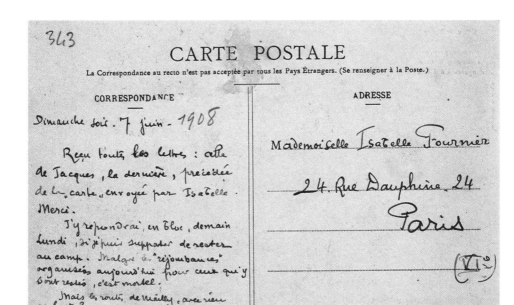

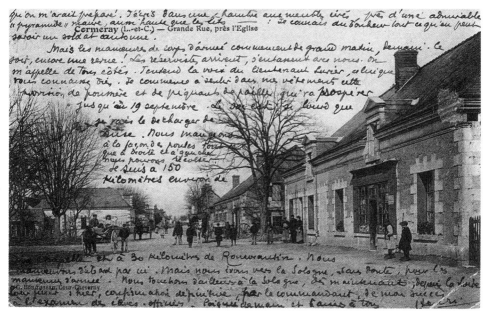

A Isabelle Rivière. (7.06.1908)

Le 16 juin, on repart du camp de Mailly. Henri réintègre le fort de Vanves. Le mardi 4 août, Henri se présente à l'examen des élèves officiers de réserve au Mans. « *Je suis au Mans, où je m'ennuie. Je fais malgré moi des efforts pour réussir à cet examen sans intérêt. Il faudra peut-être aller s'enterrer six mois à Laval à 5 heures de Paris.* » (Correspondance Jacques Rivière – Alain-Fournier). Henri quitte Le Mans le samedi 8 août et rejoint tout le monde pour une permission de dix jours. De retour au fort de Vanves il écrit à tous à La Chapelle : « *Je suis tellement fait et résigné à cette vie maintenant, que je n'ai même pas songé à trouver pénible et triste la reprise du collier.* »

Le 1ᵉʳ septembre, Henri quitte le fort de Vanves pour revenir à Latour-Maubourg. « *C'est aussi ce mois que je m'en vais l'année prochaine. C'est le plus admirable et le plus aimé de tous... Bien que je sois emprisonné de nouveau dans ces locaux noirs des Invalides, il y a la joie de se dire : jamais plus je n'habiterai à Vanves. Ceux qui y sont allés comprennent.* » (Lettres à sa Famille, 1.09.1908). Il annonce également son départ pour les grandes manœuvres le 8 septembre.

Manœuvres de 1908

8 septembre : manœuvres de corps d'armée. Cormeray :

> *Je suis à 150 km de Romorantin. Nous manœuvrons d'abord ici. Mais nous irons vers la Sologne sans doute pour les manœuvres d'armée. Nous touchons d'ailleurs à la Sologne dès maintenant, depuis la Loire. Pour finir : hier, confirmation définitive par le commandant de mon succès à l'examen des élèves officiers.* (Correspondance Jacques-Rivière – Alain-Fournier)

> *Les manœuvres de corps d'armée sont finies, celles d'armée commencent demain. Lundi et mardi nous sommes restés entre Cormeray et Chitenay. Mercredi, en cantonnement d'alerte à la ferme de la Choltière près de Pontlevoy. Jeudi, dans un hameau de l'autre côté d'Angé. Hier et aujourd'hui, jour de repos, dans la ferme de la Basse-Lande, commune de Francueil.* (Correspondance Jacques Rivière – Alain-Fournier)

Manœuvres 1908

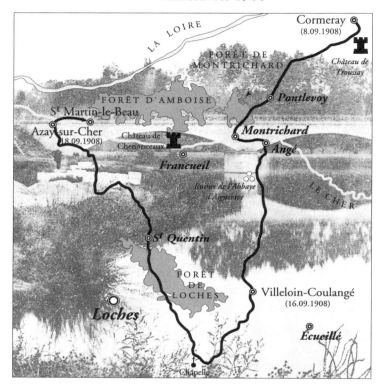

16 septembre : Villeloin.

Depuis dimanche nous vivons une vie éreintante et misérable. La misère morale était grande dans les rangs. Il semblait qu'on n'arriverait jamais. (Lettres à sa famille)

18 septembre : Azay-sur-Cher et retour à Paris.

Pour la première fois depuis quinze jours, je me suis déshabillé pour me jeter dans le Cher et demain soir, à minuit, pour la première fois depuis quinze jours, je me jetterai sur un lit. (Lettres à sa famille)

Mardi 8 septembre 08. Nous sommes arrivés hier ici par un temps de grandes vacances. Grand soleil immobile sur les vignes. Il a fallu faire huit kilomètres pour venir cantonner dans ces fermes isolées. Après la nuit d'entassement en chemin de fer, avec sac surhumainement chargé, nous n'en pouvions plus. Mais que ce pays est joli. Je ne croyais pas qu'une terre plate put être aussi variée. C'est vrai que c'est un jardin. Cela ressemble à ceux que nous avions à notre gauche (se renseigner à la poste) en remontant le soir vers Bordeaux. Mais ici, de grands chemins herbeux s'en vont à travers les carrés de vigne et les bois. Les fermes propres, blanches, avec des tuiles d'un rose passé, s'enfoncent dans les jardins. Tout est calme, rangé, exquis, et la moindre fille de ferme est belle. Le soleil couchant d'un côté, la lune blanche de l'aube, sur Cellettes ou Chitenay; cette grande terre magnifique où le soir s'en va sur les routes comme par des allées; les petits étangs, au bord des chemins qui mènent, par des détours, de ferme en ferme — Nous étions tous délicieusement saisis. Les hommes ne pouvaient s'empêcher de dire; c'est plus beau que la Normandie; et ils ne savaient pas pourquoi. Il n'y avait rien de remarquable, rien à désigner du doigt, quand ils voulaient dire ce qui était beau. Derrière nous, cependant, nous sentions la vallée de la Loire, traversée de grand matin, avec les villes de France sur ses bords, Blois au loin, dressée, avec son visage éclatant et paisible. La carte sur laquelle j'écris, la seule du pays, ne représente rien du tout. Nous sommes dans une ferme d'un petit hameau. La vache qui a beuglé toute la nuit près de nous a perdu son veau. On nous donne le lait hier et on vend aujourd'hui. Ils vendent aussi du vin qui a le goût de raisin; du fromage et du pain de ménage farineux. J'ai couché au bord du pressoir, avec toute l'escouade, dans un lit de paille

CARTE POSTALE

Tous les pays étrangers n'acceptent pas la correspondance au recto (se renseigner à la poste)

Correspondance   **Adresse**

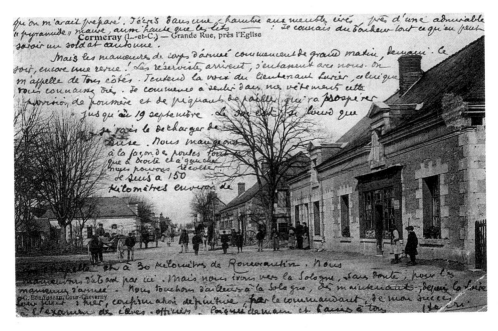

Cormeray (L.-et-C.) — Grande Rue, près l'Eglise

qu'on m'avait préparé. J'écris dans une chambre aux meubles cirés, près d'une admirable "pyramide" mauve, aussi haute que les lits : Je connais du bonheur tout ce qu'on en peut savoir un soldat cantonné.
Mais les manœuvres de corps d'armée commencent de grand matin, demain. Ce soir, encore une revue! Les réservistes arrivent, s'entassent avec nous. On m'appelle de tous côtés. J'entends la voix du lieutenant Lurier, clique que vous connaissez très. Je commence à sentir dans nos vêtements cette odeur de poussière et de piquants de paille, qui va prospérer jusqu'au 19 septembre. Le sac est si lourd que je vais le décharger de Suse. Nous mangeons à la façon de poules tout ce que à droite et à gauche nous pouvons récolter. Je suis à 150 kilomètres environ de ... qui s'appelle ... et à 30 kilomètres de Romorantin. Nous manœuvrons d'abord par ici. Mais nous irons vers la Sologne, sans doute; pour les manœuvres d'armée. Nous touchons d'ailleurs à la Sologne, dès maintenant, depuis la Loire ... : hier, confirmation définitive, par le commandant, de mon succès à l'examen des élèves officiers. Poignée de main et baisers à tous. ...

A sa famille. (8.09.1908)

CARTE POSTALE

La Correspondance au recto n'est pas acceptée par tous les pays étrangers (Se renseigner à la

CORRESPONDANCE   ADRESSE

Dimanche matin.

J'ai reçu ton compte rendu du
14. C'était prévu mais
nécessaire. Il fallait que tu
mes cela.

Je ne suis pas allé au Mans.
Wright est en panne pour qq. jours.

S'il fait mauvais temps
dimanche prochain, au lieu
d'aller au Mt St Michel, je
prendrai le train de Paris.

Monsieur Jacques Rivière

Professeur

1. Rue de Tournon. 1

Paris

LAVAL (Mayenne). — Vue de la Prison, du Vieux Pont et des Quais

Phototypie Hamel-Jallier et Cie, Laval

A Jacques Rivière. (18.10.1908)

62

Laval

Il me faut passer l'hiver dans une petite ville
où la jeune femme n'est jamais venue
et ne viendra jamais. – Sur quels chemins perdus
me cherche-t-elle, ma perdue ?

6 octobre 1908. Henri, arrivé à Laval depuis le 4 pour le stage d'élève officier de réserve, écrit à ses parents : « *Je sens la ville autour de moi, longue et étagée, allongée sur cette admirable route de Brest, avec ses larges arbres fanés. Du champ de manœuvres on ne découvrait que le haut grand séminaire, une caserne et des maisons dans la brume. Je sentais approcher déjà le grand silence d'hiver. Ah ! Comme je regrettais l'abominable terrain d'Issy et le tramway de Vanves-Malakoff.* » (Lettres à sa Famille)

15 octobre : « *Toute la journée, nous sommes tenus en étude, en confé-rences et en exercices ; mais en réalité la vie que nous menons est la plus désœuvrée et la plus aveulie qui soit.* » (Lettres à sa Famille)

Henri prépare une licence d'anglais qu'il doit passer le 3 novembre : « *Cela me sort un peu du dilemme abrutissant : l'étude où l'on chahute, le cercle où l'on s'embête.* » (Lettres à sa Famille)

A sa mère. (18.10.1908)

Alain-Fournier au camp de Bouconne. (6.07.1909)

1908 - 1909
SERVICE MILITAIRE

Ce qui me séduit tellement dans les livres sacrés,
c'est la simplicité du mystère qu'ils révèlent...
c'est une réponse inépuisable
à toutes mes questions d'homme.

14 janvier 1909 : Jacques Rivière « a écrit et envoyé à Gide ». C'est le début d'une longue et intense correspondance avec l'auteur des *Nourritures terrestres* rencontré à la fin de 1908 dans l'atelier d'André Lhote. L'envoi dont il est question est « *l'Introduction à une Métaphysique du rêve* » qui paraîtra dans la *NRF* en novembre 1909.

Alain-Fournier. (1913)

A son père. (5.04.1909)

Henri lit *L'Idiot* de Dostoïevski. Le 20 janvier, il écrit sa première lettre à André Lhote avec qui Jacques correspond déjà depuis 1907. Les trois amis seront désormais associés à toute correspondance avec le peintre et même avec Bichet.

Jusqu'au 5 avril, date de son arrivée à Mirande, Fournier écrira peu ; pas une seule lettre à sa famille, deux seulement à Jacques contre cinq de celui-ci à Henri.

Les lettres de Rivière sont pleines du récit de ses visites à Gide. Celles de Fournier racontent une permission chez un ancien camarade du lycée de Brest dont les parents sont boulangers dans un village de la Sarthe nommé Brûlon. Il visite les grottes de Saulges.

Le 5 avril, Henri est affecté à Mirande dans le Gers, après avoir passé avec succès ses examens militaires. Il y restera les six derniers mois de son service.

Henri est nommé sous-lieutenant au 88ᵉ régiment d'infanterie. Il fait la connaissance des hommes – tous gersois – qu'il aura à commander sur les Hauts de Meuse en 1914 où ceux-ci seront heureux de le retrouver. « Mon lieutenant, lui dira l'un d'eux, c'est déjà si beau d'être avec vous. » (*Lettres à sa famille*, le 4.08.1914)

C'est pendant ce séjour à Mirande qu'aura lieu, le 24 août, le mariage de Jacques et d'Isabelle.

Mirande - 1909

Le 5 avril 1909, Henri passe à Agen d'où il envoie deux cartes postales et arrive à Mirande où il sera cantonné jusqu'à sa libération le 25 septembre.

> *La première fois que je suis entré en uniforme à la caserne, tout ce déclenchement d'honneurs qui m'étaient rendus... Cependant on n'a commencé à avoir intérieurement grande considération pour moi que le jour où j'ai commandé la gymnastique aux agrès...* (Correspondance Jacques Rivière – Alain-Fournier, 18.04.1909)

Pourtant, dans la même lettre, il avoue « *j'ai horreur de ce métier* ». A Pâques (11 avril), Henri profite de sa permission pour aller rejoindre son ami Guinle à Tarbes et à Pau.

Ils poussent jusqu'à Laruns et Eaux-Bonnes. Henri découvre la montagne.

> *A l'aller nous sommes passés à Lourdes presque sans être avertis. Je n'ai pu retenir une grande émotion lorsque soudain, dans le site grandiose au flanc du mont, près du Gave dont nous longions l'autre rive, s'est dressée la Basilique.* (Correspondance Jacques Rivière – Alain-Fournier, 18.04.1909)

Le 2 mai, émotion à la lecture des *Foules de Lourdes* de Huysmans. Lettre de Jacques à Henri : « Ta lettre m'a bien ému... Je savais qu'il était impossible que tu n'en viennes pas à sentir tout ce qu'il y avait de formidable et de troublant dans le christianisme. » (*Correspondance Jacques Rivière – Alain-Fournier*)

Le 16 mai, Lourdes avec un camarade à bicyclette. Il envoie cinq cartes postales le même jour, puis une longue lettre détaillée à Isabelle :

> *Montés d'abord à la Basilique, nous avons regardé d'une balustrade les malades et la foule priant devant la grotte et les piscines. Alors soudain j'ai été repris de cette même émotion immense et sans nom.* (Lettres à sa famille)

59 LOURDES. — La Grotte et la Basilique. - L

A son père. (6.04.1909)

Depuis sa lettre du 2 mai, Henri soulève chez Jacques un trouble ana-
logue au sien. « Ce que tu me dis est d'une importance immense », écrit
Jacques. Il craint qu'Henri ne trouve tout simple de se convertir. Lui
n'en est pas là. Le 17 mai, Jacques rend compte de l'avis de Gide sur
l'essai d'Henri *La Partie de plaisir*, qu'il lui a envoyé le 29 mars avec une
explication enthousiaste. Gide ne se souvient pas !... C'est à cette occa-

sion peut-être qu'il aura cette phrase capitale : « Ce n'est plus le moment d'écrire des poèmes en prose. » Pentecôte. Permission passée à Bordeaux chez les Lhote mariés depuis le 11 mai. Il passe pour s'y rendre par Cenon où il couche chez les tantes de Jacques.

Henri écrit aux Lhote le 7 juin pour les remercier :
Je puis vous dire maintenant combien cette fête passée avec vous, je l'ai trouvée belle ! Si belle qu'au retour et toute la semaine encore j'en ai gardé comme un goût très amer.

Et à Rivière le 2 juin :
Depuis des années j'en ai disputé avec moi-même, mais cette fois je suis résolu : le jour où je ferai le dernier pas, si je dois le faire, j'entrerai dans les ordres et je serai missionnaire. (Correspondance Jacques Rivière – Alain-Fournier)

25 juin. Permission de huit jours annoncée à sa mère dans sa lettre du 10 juin « *105 jours demain !* » (Lettres à sa famille). C'est pendant ce séjour qu'Henri tente son examen de licence. Il le passe le 26 juin. Il va voir danser Isadora Duncan. Dans le même temps, Jacques Rivière prépare l'agrégation de Philosophie.

125. - LARUNS. - LA PLACE VUE DU GOURZY
PHOTOTYPIE LABOUCHE FRÈRES TOULOUSE

A sa famille. (1909)

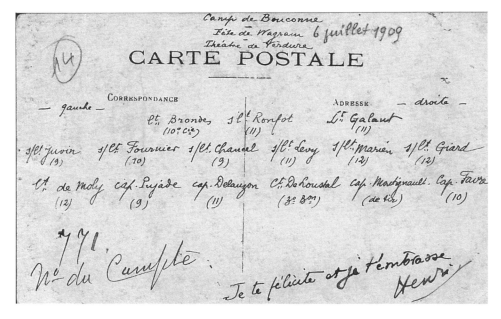

A sa famille. (6.07.1909)

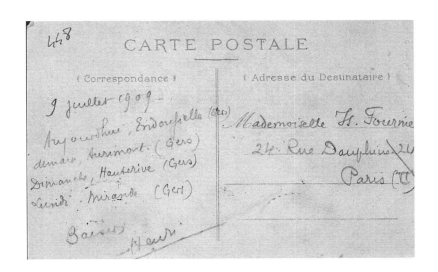

A Isabelle. Au troisième rang, le huitième en partant de la gauche :
Alain-Fournier. (9.07.1909)

Marche de Bouconne à Mirande

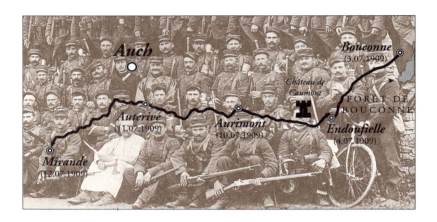

Bouconne

De Paris, Henri part pour le camp de Bouconne le 3 juillet. Le 4, il passe à Toulouse où il visite le musée des Augustins. Il rejoint son régiment à Bouconne en Haute-Garonne où le 8ᵉ R.I. l'a précédé. On y fête, le 6 juillet, le 100ᵉ anniversaire de la bataille de Wagram.

Le 9 juillet le régiment quitte Bouconne à pied pour regagner Mirande. Il passe par Endoufielle le 9, Aurimont le 10, Auterive le 11 et le 12 Mirande.

Le 11 juillet Rivière avertit Fournier qu'il est collé à sa licence et le 30 il lui annonce son propre échec à l'agrégation sur laquelle il comptait pour avoir une situation et se marier. Aussitôt les parents Fournier décident que « leurs enfants » se marieront quand même et qu'ils commenceront par habiter avec eux.

Henri écrit à sa mère :

> *Allons ! c'est encore toi qui arranges tout, qui répares tout, qui nous consoles, qui nous guéris notre chagrin. Ta lettre m'a fait grand bien et m'a rassuré sur le sort des deux pauvres enfants.* (Lettres à sa famille, 5.09.1909)

Lorsque la date du mariage est fixée au 24 août, Henri demande une permission du dimanche 22 au vendredi 27. Le mariage a lieu à Paris en l'église Saint-Germain-des-Prés, le 24 août.

Le 25, Henri prend les devants et part pour Bordeaux où il est reçu chez les Lhote à Bouliac.

Il attend les jeunes mariés à leur arrivée à Bordeaux le 27 et regagne Mirande le soir même.

Il écrit le 3 septembre à sa mère :

> *Depuis que j'ai quitté les deux jeunes ménages Lhote et Rivière, je suis affreusement seul et sans nouvelles de personne.* (Lettres à sa famille)
>
> *Comme deux passagers dans un bateau à la dérive, ils sont, dans le grand vent d'hiver, deux amants enfermés avec le bonheur.* (Le Grand Meaulnes)
>
> *Il n'y aura pas pour moi « tant de bonheur ».* (Correspondance Jacques Rivière – Alain-Fournier, 7.07.1909)

Bouconne, le sous-lieutenant Alain-Fournier au milieu de ses soldats. (1909)

Alain-Fournier

Hier soir, j'assistais le capitaine à la revue des tuniques pour l'été. Le capitaine regardait la tunique, mais moi le visage. J'ai l'impression en fixant une nouvelle figure de façonner avec ma main une âme avec son nom... Il faut avoir « la passion des âmes ». (Correspondance Jacques Rivière – Alain-Fournier, 2.05.1909)

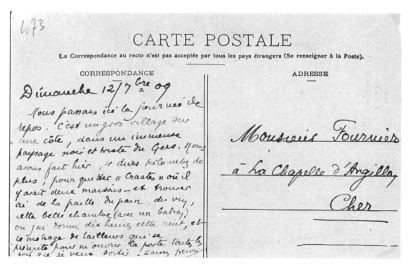

A son père. (12.09.1909)

Manœuvres 1909

Toulouse

FORÊT DE
BOUCONNE

*Château de
Lartus*

Pujaudran
(18.09.1909)

Ste Foy-de-
Peyrolières

Sabonnères
(16.09.1909)

*Château de
La Tour*

Puycasquier
(12.09.1909)

Samatan
(19.09.1909)

Saramon
(30.09.1909)

Auch
(13.09.1909)

Faget-Abbatial
(20.09.1909)

*Ruines de
Château*

Mirande
(21.09.1909)

AUCH (Gers) — La vieille Pousterie

J. Tapie, phot.-édit., Auch

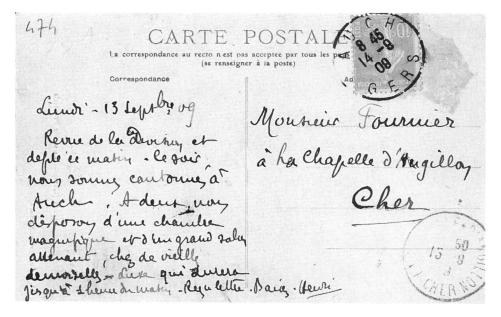

A son père. (13.09.1909)

A ses parents. (16.09.1909)

Il annonce son départ pour les manœuvres le 8 au soir et le retour pour le 21 à Mirande. Le 21 septembre, le 88ᵉ rentre à Mirande à pied. Ce seront les dernières manœuvres de son temps de service. Le soir même il apprend qu' « Yvonne de Galais est devenue mère ». « *Toute la joie du retour a sombré dans cette nouvelle que je pressentais : elle est plus perdue pour moi que si elle était morte. Je ne la retrouverai pas dans ce monde.* » (Correspondance Jacques Rivière – Alain-Fournier, 21.09.1909)

Jacques, de La Chapelle, écrit à Henri le 22. Les Fournier ont fait sur-élever la maison et peuvent donc loger le jeune ménage : « Nos deux chambres sont admirables. » (*Correspondance Jacques Rivière – Alain-Fournier*, 21.09.1909)

Henri est libéré le 25 septembre. Il rentre à Paris où il va retrouver toute la famille réunie rue Dauphine pour la rentrée. Il n'y aura plus de lettres à sa famille jusqu'en juin 1910 ni à Jacques jusqu'au 29 décembre 1909. En revanche, une correspondance prendra le relais jusqu'aux vacances de Pâques 1910, celle avec André Lhote.

A Jacques et Isabelle Rivière. (16.09.1909)

A ses parents. (20.09.1909)

Alain-Fournier. (9.07.1909)

J'ai l'intention d'écrire « sur mon visage » quelque chose de central et de très beau.
Ce sera plus simple et plus doux qu'une main de femme, la nuit, qui suit avec
grand'pitié la ligne douloureuse de la figure humaine. Et cependant ceux qui le
liront s'étonneront d'une odeur de pourriture et de scandale. Pour décrire les diffé-
rents visages de mon âme, il faudra que Celle qui parle de mon visage, ose imaginer
les masques de mon agonie à venir, il lui faudra penser à ce hoquet sanglant qui
marque enfin la délivrance et le départ de l'âme : alors seulement seront évoqués les
étranges paradis perdus dont je suis l'habitant. (Correspondance Jacques Rivière –
Alain-Fournier, 18.06.1909)

1910

Se retrouver jeté dans la vie, sans savoir
comment s'y tourner ni s'y placer.
Avoir chaque soir, le sentiment plus net que cela
va être tout de suite fini. Ne pouvoir plus rien
faire, ni même commencer, parce que cela
ne vaut pas la peine, parce qu'on n'aura pas
le temps. Après le premier cycle de la vie révolu,
s'imaginer qu'elle est finie et ne plus savoir
comment vivre.

Au début de l'année 1910, la famille Fournier quitte la rue Dauphine pour aller s'installer 2, rue Cassini, près des jardins de l'Observatoire. Ils emménagent le 26 mars 1910. « Nous emménageons samedi, veille de Pâques. » (*Correspondance Jacques Rivière – Alain-Fournier*, 21.03.1910)

> C'est dans ce coin provincial de la rue Cassini, dans ces pièces toutes sages qu'il laissera longtemps baignées de sa lumière, parmi beaucoup de peines secrètes, de doux flocons de joie, et bientôt de grands drames silencieux, qu'il vivra les quatre dernières années de son passage en ce monde. C'est là que pendant toute la guerre, ardemment, sombrement, désespérément, on refusera de croire à sa mort. (Isabelle Rivière, *Images d'Alain-Fournier*)

Après divers essais de collaboration journalistique, Fournier obtient d'être chargé d'un courrier littéraire quotidien à *Paris-Journal*. Il commence pour le première fois le 9 mai. Il s'agit d'une production alimentaire et Fournier ne la considère pas « *comme quelque chose d'écrit par moi* ». Il réussira néanmoins à se faire remarquer par ce billet quotidien, tant à cause de sa pertinence que par le tour doucement ironique et souvent même caustique et toujours très indépendant qu'il sait lui donner. Lorsqu'il sera limogé, au changement de direction en 1912, après deux ans de travail assidu, ses lecteurs lui écriront pour lui demander dans quel périodique similaire ils pourront le suivre. En avril, les Lhote s'installent à Orgeville, dans la « Villa Médicis libre » créée par le mécène Bonjean où Henri viendra les retrouver une fois avec « Valentine ».

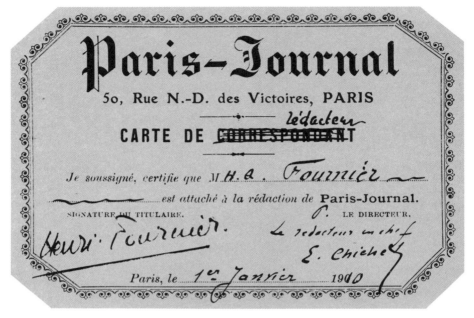

Carte de rédacteur de *Paris-Journal.*

Valentine

L'aventure d'Augustin Meaulnes avec Valentine est la transposition de celle de Fournier avec une petite modiste qui habitait avec sa sœur rue Chanoinesse, derrière le chevet de Notre-Dame. Il la rencontre à la mi-février « sur le quai », à Paris, un samedi après-midi et il invite les deux sœurs au théâtre. Le roman donne la date du 13 février (le 12 en réalité). La pièce à laquelle ils assistent au théâtre Sarah Bernhardt est *La Dame aux camélias*, jouée par Sarah Bernhardt elle-même.

C'est le début d'une liaison de deux ans, traversée de brouilles et de réconciliations jusqu'à la rupture définitive à la fin de 1912.

De nouveau, au cours des vacances de Pâques, la correspondance reprend. Jacques et Isabelle sont à Cenon. Henri reste à Paris pour assurer le courrier. Il écrit quatre lettres du 20 mars au 4 avril.

Fournier écrit *Le Grand Meaulnes*. Il « *avoue* » ce qu'il y a de fait : « *une dizaine de chapitres, plus un plan complet et des notes... C'est le pays sans nom, mais aussi le pays de tout le monde. Ce sera bien plus humainement beau ainsi.* » (Correspondance Jacques Rivière – Alain-Fournier, 4.04.1910)

Il lit la Bible : « *C'est une réponse inépuisable à toutes mes questions d'homme.* » (Correspondance Jacques Rivière – Alain-Fournier)

Du 22 au 28 juin : voyage à Orgeville chez les Lhote à la « Villa Médicis libre » où le ménage Lhote a été admis par le mécène Bonjean et où ils resteront quelques mois avant de s'installer à Paris. Henri est accompagné de « Valentine ». Il gardera de ces quelques jours passés avec le jeune ménage un souvenir mêlé d'amertume qu'il transposera dans le chapitre inédit du *Grand Meaulnes*, publié en 1924 par Jacques

Jeanne Bruneau, qui inspira le personnage de Valentine dans *Le Grand Meaulnes*.

119 INONDATIONS DE PARIS (Janvier 1910). — Radeau Quai de Billy. — LL.

A Jacques Rivière. (14.07.1910)

Rivière dans *Miracles*, sous le titre « *La dispute et la nuit dans la cellule* ». Il en restera dans le roman l'épisode épuré qu'il rapporte au chapitre « *Le Secret* » (xv) de la troisième partie, qui est le récit d'une rupture. Auparavant, il écrit à André Lhote : « *Je remercie André d'avoir tant admiré la pauvre petite Jeanne et d'avoir fait trois petits tableaux où elle est assise au bord de la vallée et penche la tête avec inquiétude. Je remercie Marguerite de l'avoir embrassée... Je n'oublierai pas non plus le jour où la pauvre petite Jeanne s'est évanouie parce que je lui avais jeté des pierres comme à un pauvre petit chien malade.* » Et déjà il parle d'être définitivement séparé d'elle.

> *Jacques m'a reproché l'autre jour "ma pureté", ce culte trop pur rendu aux femmes. Il ne s'agit pas de cela. J'ai eu pour elles le regard de l'Idiot qui va d'abord vers l'âme. C'est chez elles que j'ai trouvé, le plus à nu, comme écorchée – chose qui n'est pas de ce monde et qui fait presque trembler de délice et de répulsion à la regarder d'aussi près –, l'âme. Je connais, lui disais-je, le plissement de cou des visages tournés vers moi, bouche tordue ; les lentes confidences de la plus hautaine ; l'abandon douloureux de la plus cérémonieuse. Elles sont toutes venues vers moi, comme vers le prince innocent avec un amour qui ne portait plus ce nom. (Lettres au petit B., 7.05.1909)*

Vacances - 1910

Le 4 juillet, Jacques et Isabelle, invités par André Gide, arrivent à Cuverville dans sa propriété de Normandie près d'Étretat. Ils y resteront jusqu'au 23 juillet. Jacques écrit à Henri et à Mme Fournier : « Nous nous réveillons dans une maison de fées. Nous avons tout un appartement pour nous. Et autour de nous une des campagnes les plus merveilleuses du monde : la ferme tout environnée d'arbres et vers le fond du jardin le petit mur d'Alissa et une longue échappée sur la campagne. » (*Correspondance Jacques Rivière – Alain-Fournier*, 4.07.1910)

L'année suivante, Henri fera également un séjour à Cuverville avec Jacques.

Henri est retenu encore à Paris par le courrier de *Paris-Journal*. Il ne reviendra à La Chapelle que le 14 août.

Pendant son absence, il est remplacé au courrier par un ancien camarade de Voltaire, René Bizet.

Les Rivière partent pour Bordeaux et Cenon le 20 août, le jour même du retour de M. Fournier à La Chapelle qui était en colonie de vacances. Mais Jacques doit tout d'abord accomplir une période militaire de vingt-huit jours en tant que réserviste. Elle a lieu du 22 août au 15 septembre à Tarbes.

Le 22 août, Henri écrit à Bichet qui vient d'être reçu premier à l'agrégation.

Château de La Chapelle-d'Angillon.

Rentrée 1910 - Péguy

Le 11 septembre, à Bichet et le 20 à sa sœur, Henri annonce qu'il a « *trouvé son chemin de Damas* » et qu'il se met à écrire son livre « *comme une de mes lettres, par petits paragraphes serrés et voluptueux* ». Il s'agit, dit-il, « *d'une histoire assez simple qui pourrait être la mienne* ». (Correspondance Jacques Rivière – Alain-Fournier, 20.09.1910)

Il annonce en même temps sa rupture avec Valentine. Ce ne sera pas la dernière.

28 septembre : première lettre à Charles Péguy.

> *Je veux employer ma dernière heure de vacances à vous dire simplement combien j'aime vos livres... Je vous dois de belles heures d'énergie et de travail.* (Correspondance Charles Péguy – Alain-Fournier)

Une grande amitié naît alors entre les deux écrivains qui se confient mutuellement leurs peines et leurs travaux.

Henri sera marqué par cette influence : « Je sens Fournier séduit par ce génie paysan », remarque Rivière dans sa préface à *Miracles*. C'est Péguy qui l'aidera, comme dit encore Jacques Rivière, « à saisir son rêve par les ailes pour l'obliger à cette terre et le faire circuler parmi nous ». De son côté, Fournier écrit : « *Je dis, sachant ce que je dis, qu'il n'y a pas eu sans doute depuis Dostoïevski, un homme qui soit aussi clairement "Homme de Dieu".* » (Correspondance Jacques Rivière – Alain-Fournier, 20.09.1913)

Le 29 septembre, Henri rentre à Paris. Le 2 octobre, il reprend son courrier à *Paris-Journal*. Les Rivière vont s'installer chez eux au 15, rue Froidevaux, dans le même quartier que la rue Cassini.

19 octobre : « *Cette femme est revenue. Je pensais avoir trouvé un amour et une femme* »...

Mais de nouveau c'est la rupture : « *Je l'ai abandonnée, elle et sa sœur, la veille du terme alors que je les savais trop pauvres pour pouvoir payer.* » (Correspondance Jacques Rivière – Alain-Fournier) « Quel épouvantable courage », lui répond simplement Jacques.

Plus de lettres aux parents jusqu'en septembre de l'année suivante.

Charles Péguy aux *Cahiers de la Quinzaine.*

Je viens de lire Le Mystère de la Charité de Jeanne d'Arc. *C'est décidément admirable. Je ne crains pas de le dire. Je ne me rappelle pas si Jacques l'a lu. J'aime cet effort, surtout dans le commentaire de la Passion, pour faire* prendre terre, *pour qu'on voie* par terre, *pour qu'on touche* par terre, *l'aventure mystique. Cet effort qui implique un si grand amour. Il veut qu'on se pénètre de ce qu'il dit, jusqu'à voir et à toucher. Il répète, comme les chœurs dans la* Passion *de Bach. Et cela finit par atteindre à une poésie très haute. Il l'a bien senti lui-même puisque à la longue, naturellement, ce sont des vers.* (Correspondance Jacques Rivière – Alain-Fournier, 28.08.1910)

Isabelle et Jacqueline Rivière. (10.01.1912)

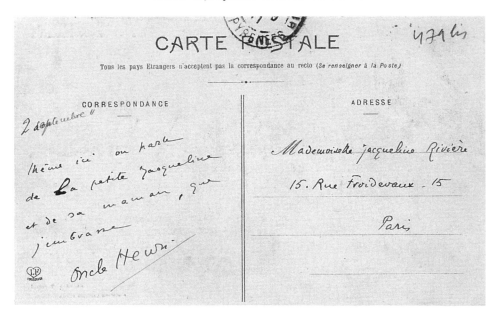

1911

*J'ai aimé ceux qui étaient si forts
et si illuminés qu'ils semblaient autour
d'eux créer comme un monde inconnu.*

La rencontre avec Saint-John Perse

Seulement trois séries de lettres entre Jacques et Henri pendant les vacances, en janvier, en avril et en juillet. De plus, en septembre, Henri fait sa première période militaire de réserviste du 1er au 17. Henri cantonne alors à Mirande puis participe aux grandes manœuvres du 17e corps d'armée comme en 1909.

Parmi les lettres qu'il échange avec Jacques, l'une d'elles raconte son voyage à Luz-Saint-Sauveur où il rend visite à Alexis Léger, le futur Saint-John Perse. (*Correspondance Jacques Rivière – Alain-Fournier*, 9.09.1911)

> *Je le sentais auprès de moi plein de souvenirs et de voyages immenses, occupé de paysages extraordinaires, faisant évoluer sa mémoire parmi tout un monde d'insectes et d'oiseaux. Il disait, au bord du Gave, sous le pont Napoléon, devant l'eau si pure, si verte, si glacée : « L'eau du Pacifique a cette couleur sur la côte des îles de... »* (Correspondance Jacques Rivière – Alain-Fournier)

Le *Miracle de la Fermière* paraît le 25 mars, dans *La Grande Revue*. Mais l'été est surtout marqué par les angoisses de la naissance de la petite Jacqueline, la fille de Jacques et d'Isabelle. La petite fille naquit le 23 août par césarienne : sa mère supporta mal l'opération et faillit mourir. Trois semaines plus tard, pendant les manœuvres d'Henri, Jacqueline échappa à son tour à une crise grave et sa mère souffrit d'une phlébite. Henri, parrain de sa nièce et très amoureux de l'enfant, est malade d'inquiétude loin de Paris. Libéré le 17 septembre, il part à Fronton pour rencontrer Marguerite Audoux et Jules Iehl, un ami de Gide. Il y reçoit de meilleures nouvelles, et accepte de rejoindre Jacques à

Cuverville chez André Gide où ils passent tous deux quatre jours pour se reposer des angoisses de l'été. Depuis son échec à l'agrégation, Jacques avait trouvé un poste de répétiteur puis de professeur de philosophie au collège Stanislas grâce à l'intervention de Claudel. Ce métier, qu'il n'aimait pas et qui lui donnera beaucoup de mal, prend fin avec l'année 1911. Jacques est nommé secrétaire de la *Nouvelle Revue française* vers le 15 décembre. C'est le début pour lui d'une carrière qui ne se terminera qu'à sa mort et qui lui donnera l'occasion de s'affirmer dans le monde des lettres et d'y jouer un rôle que Joseph Delteil a comparé à celui de « l'homme de barre ».

Marguerite Audoux

Le 1ᵉʳ juillet 1911, Alain-Fournier écrit à Marguerite Audoux, l'auteur de *Marie-Claire*, avec laquelle il a lié une amitié profonde. Le livre de l'ancienne bergère – qui a eu le prix Fémina en 1910 – a fait date pour lui, et c'est là, écrit-il, qu'il comprend qu'on puisse « *écrire des contes qui ne soient pas des poèmes* ». (Alain-Fournier, Chroniques et critiques)

> *Tel est l'art de Marguerite Audoux : l'âme dans son livre est un personnage toujours présent mais qui demande le silence. Ce n'est plus l'âme de la poésie symboliste, princesse mystérieuse, savante et métaphysicienne. Mais, simplement, voici sur la route deux paysans qui parlent en marchant : leurs gestes sont rares et jamais ils ne disent un mot de trop ; parfois, au contraire, la parole que l'on attendait n'est pas dite et c'est à la faveur d'un silence imprévu, plein d'émotion, que l'âme parle et se révèle.* (Alain-Fournier, Chroniques et critiques)

C'est, avec son admiration pour Péguy, l'un des éléments décisifs qui ont contribué à lui faire trouver son « *chemin de Damas* » en septembre 1910. Depuis cette époque, les relations d'Alain-Fournier avec les deux écrivains seront de plus en plus amicales.

Il écrit donc pour raconter à Marguerite Audoux la visite qu'il a faite aux lieux décrits par elle dans *Marie-Claire* : le village de Sainte-Montaine et la ferme des Berrué située en pleine Sologne non loin de La Chapelle-d'Angillon. Longue description accompagnée d'un dessin au

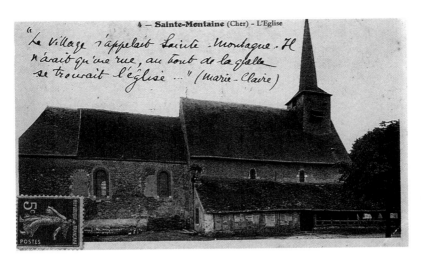

4 — Sainte-Montaine (Cher) - L'Eglise

« Le village s'appelait Sainte-Montagne. Il n'avait qu'une rue, au bout de la ruelle se trouvait l'église… » (Marie-Claire)

A Jacques et Isabelle Rivière. (19.07.1911)

crayon. Berrichon comme elle, Henri se plaît dans ce pays de « *Marie-Claire* ». Il envoie la même carte postale de l'église de Sainte-Montaine à Léon-Paul Fargue, le protecteur de Marguerite Audoux, à son père et à Jacques.

A Valery Larbaud, Henri écrit le 25 juillet en lui racontant aussi son voyage à Sainte-Montaine et il y fait allusion dans une lettre à André Gide le 20 juillet.

La correspondance avec « *Marie-Claire* » se poursuivra jusqu'à la guerre. A elle seule, il racontera en 1913 ses retrouvailles avec Yvonne de Quièvrecourt à Rochefort, mais la priera ensuite de détruire ses lettres avant son départ pour le front : ce qui sera fait, malheureusement.

Manœuvres - 1911

De Mirande, où il est arrivé le 1er septembre, Henri part pour les manœuvres dans la nuit du 6 au 7 septembre. Le premier cantonnement à Auch le 7 et le 8. Aubiet le 9. Thoux, trois heures de sommeil le 10. On repart dans la nuit et le soir retour au même cantonnement. Le soir du 12 : Ensouset dans une maison délicieuse après une journée très dure. Le 13, Henri écrit pour tout le monde et raconte ces premiers jours.

A part, il envoie à Jacques et Isabelle un petit mot désolé : « *Personne n'est plus exilé que moi... Je maintiens que je ne suis pas d'ici* »... (Lettres à sa famille, 13.09.1911) Le même jour un petit mot à Bichet pour lui parler d'un essai soumis à Péguy.

Le 14, Cologne du Gers où Henri reçoit les mauvaises nouvelles de Jacqueline par une lettre de sa mère. Le 15, fin des manœuvres de division. Il couche à La Trappe de Sainte-Marie du Désert en Haute-Garonne. Il y reçoit un billet de Péguy qui vient de lire dans la *NRF* de septembre la nouvelle d'Alain-Fournier intitulée *Portrait* : « Vous irez loin Fournier, vous vous souviendrez que c'est moi qui vous l'ai dit. »

Le 16, manœuvres de corps d'armée. Cantonnement à l'Isle-Jourdain d'où il rentre à Mirande par le train.

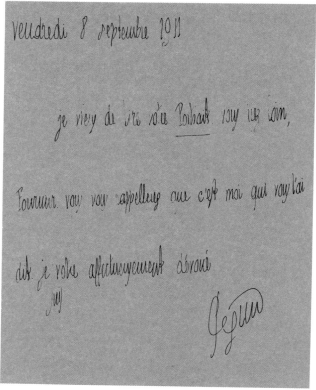

Carte de Charles Péguy à Alain-Fournier. (8.09.1911)

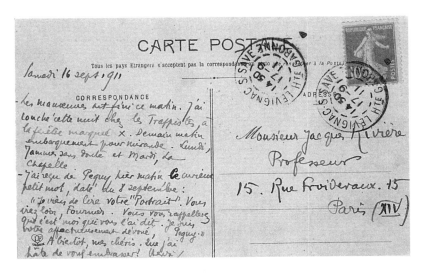

A Jacques Rivière. (16.09.1911)

Départ de la gare de Saint-Antonin. (1911)

1re période militaire, 1911

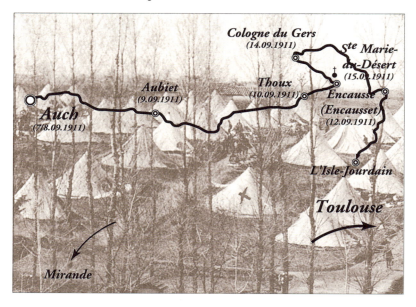

Mais je me disais tout à l'heure que personne au monde n'est aussi exilé que moi. Je maintiens que je ne suis pas d'ici. Tout à l'heure je suis entré dans l'écurie. Par-dessus le bat-flanc entre les barreaux, j'apercevais une énorme tête allongée, des yeux immenses et des oreilles dressées. J'ai caressé le museau de ce cheval et il paraissait content. Mais je pensais qu'il m'était aussi difficile qu'à lui de me faire comprendre en ce monde. (Lettres à sa famille)

Séjour à Cuverville et rentrée

Libéré le 18 septembre 1911, Alain-Fournier quitte d'abord Mirande pour Fronton où l'attend l'ami de Gide et de Marguerite Audoux, Jules Iehl qui publiera en 1912 à la *NRF* un roman intitulé *Cauet*. Fournier écrit de là une lettre à Rivière le 20 septembre. Il renonce à passer à Orthez pour y rencontrer Francis Jammes (lettre à Francis Jammes le même jour), file sur Paris pour retrouver Jacques et part directement

Étretat

29 sept. 1911
Henri.

Vue prise de la Cloche du Diable.

Nous serons de retour
dimanche à Paris vers 5.
heures de l'après-midi
Je vous embrasse
À bientôt. Henri.

Gardez-moi Paris Journal voulez-vous?

CARTE POSTALE

30 septembre 1911

489

Tous les Pays étrangers n'acceptent pas la Correspondance au recto.
(Se renseigner à la Poste).

CORRESPONDANCE

Samedi 30

Nous venons de passer trois
jours délicieux. Nous avons
passé l'après-midi d'hier sur les
falaises d'Étretat. Je n'avais
jamais vu un petit port aussi
extraordinaire.

Je suis sans bicyclette depuis
mon arrivée. La mienne est perdue.
J'ai fait aussitôt une réclamation,
bulletin en main, où je demande 200 f.
de dommages et intérêts, plus 7.50
par jour tant qu'on ne me l'aura pas
remplacée.

ADRESSE

Monsieur Fournier
Instituteur de la V. de Paris
2 - Rue Cassini - 2
Paris (XIV)

A son père. (30.09.1911)

95

avec lui pour Cuverville tandis qu'Isabelle achève sa convalescence. Il écrit le 29 septembre à sa sœur et le 30 à son père : « *Je mène là depuis trois jours la vie la plus calme et la plus reposante qui soit, et aussi la plus paresseuse.* » (Lettres à sa famille)

Il rentre à Paris où le Courrier reparaît sous ses initiales à partir du 4 octobre. Il écrit à Lhote le 1er novembre. Il y parle de son livre : « *Dans mon livre il n'y a aucun symbole, aucune théorie, pas de sens caché, mais simplement la plus "amusante" histoire du monde – et quand je dis amusante je ne veux pas dire sans réalité ni tragique.* » Et en décembre : « *Le peu de temps que je puis arracher à* Paris-Journal *et à la dispersion de Paris, il faut bien que je le consacre au* Grand Meaulnes. » (Correspondance Jacques Rivière, André Lhote, Alain-Fournier, Peinture, Cœur et Esprit)

Pas de vacances de Noël pour Fournier qui recueille pour *Paris-Journal* des interviews de fin d'année.

Le 15 décembre, Rivière, nommé secrétaire, entre en fonction à la *NRF.*

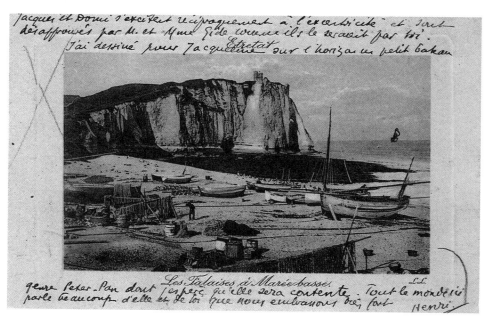

A Isabelle Rivière. (29.09.1911)

1912

*Je me disais un jour que je serais
le nocturne passeur des pauvres âmes,
des pauvres vies. Je les passerais sur le rivage
de mon pays où toutes choses sont vues
dans leur secrète beauté.*

Pas de lettres à la famille à partir d'octobre 1911 jusqu'en avril 1912, mais à Péguy.

La situation de *Paris-Journal* a été ébranlée par la mort de son directeur Gérault-Richard le 8 décembre précédent. Étienne Chichet en prend la succession. Fournier cherche des emplois : *Paris-Journal* change de personnel.

Le 10 avril 1912, Alain-Fournier écrit son dernier courrier littéraire. Péguy s'entremet auprès de Claude Casimir-Perier, le mari de l'actrice Simone, qui cherche un secrétaire pour l'aider à finir son livre sur *Brest, port transatlantique*. Henri est présenté aux Perier le 5 avril ; il entre en fonction en mai. Il y restera jusqu'en 1914.

Son amitié avec Péguy se confirme : Péguy lui soumet ses poèmes. Ils se voient souvent aux *Cahiers*.

Jacques Rivière s'initie à son nouveau métier de secrétaire et se laisse absorber de plus en plus par la préparation des numéros de *La Nouvelle Revue française*. Il y publie lui-même deux essais importants : *De la Sincérité envers soi-même* et *De la Foi* en novembre et décembre de la même année.

Vacances 1912

Vivant à proximité toute l'année à Paris, les Rivière et les Fournier ne s'écrivent que lorsqu'ils sont séparés par les vacances. Il ne faut voir dans ce silence aucun autre motif, ni surtout aucune désaffection (comme cela a pu être dit), les quelques lettres existantes montrant bien que la conversation reprend là où l'avait laissée la dernière rencontre.

Jacques Rivière : le 3e à partir de la gauche. (09.1912)

En avril (vacances de Pâques), les Rivière sont à Cenon chez les tantes de Jacques. Henri mentionne l'incident Mauriac. Celui-ci écrira plus tard à Jacques Rivière après la disparition d'Henri : « Dire que tous nos rapports furent un article méchant de *Paris-Journal* en réponse à une étude imbécile que j'avais écrite dans *La Revue hebdomadaire*. Tous les amis qu'on aurait pu avoir... Tous les chemins qui ne se sont pas croisés. »[1]

En septembre, c'est Henri qui écrit aux Rivière à Cenon : « *Cette fois mon livre sera fini le 1er octobre... Il me reste à faire la valeur de dix chapitres, mais ça va bien, il m'arrive de faire un chapitre par jour.* » (Correspondance Jacques Rivière – Alain-Fournier, 2.09.1912)

1. *Lettres d'une vie* de François Mauriac. Grasset, 1981.

Du 12 au 23 septembre, Jacques participe à des manœuvres en tant que réserviste. C'est l'occasion pour Isabelle de le suppléer dans sa correspondance concernant la marche de la *Revue* et la préparation du prochain numéro. « Pendant ce temps, c'est ma femme qui sera secrétaire de la *NRF* », écrit-il à Copeau, le directeur en titre de *La Revue*, le 11 septembre. Isabelle écrit en effet deux lettres d'affaire à Copeau le 17 et le 19 septembre. Jacques envoie une carte à Copeau où il est photographié avec un groupe de soldats avec ces simples mots : « Payez-vous ma tête ! »

Le 23 il écrit à Henri au retour des manœuvres.

Baptême de l'air de Jacques Rivière et d'Alain-Fournier. (26.06.1912)

Alain-Fournier et le sport

Depuis plusieurs années, le groupe des amis se passionne pour le sport et pour la mécanique. Les débuts de l'automobile et surtout de l'aviation sont pour eux une véritable révolution. Ils assistent aux premiers envols des frères Wright, des Farman, Blériot, etc. sur les champs d'Issy-les-Moulineaux.

Le 26 et le 28 juin, Jacques et Henri font leur baptême de l'air sur un avion Caudron piloté par le constructeur lui-même. Ils écrivent aussitôt à tous leurs amis : « *Nous avons volé.* »

L'année suivante ils jouent au tennis et au football et créent un club sportif de la jeunesse littéraire (CSJL) affilié au Paris-Université-Club (PUC) qui compte parmi ses membres, outre Péguy président honoraire et Fournier secrétaire, Giraudoux, Mac Orlan, Gallimard, etc. Sa première circulaire administrative, Fournier la signe de son nom suivi de ceux de Frantz de Galais et d'Augustin Meaulnes...

René Bichet

Petit compagnon d'Henri et de Jacques à Lakanal pendant les années de khâgne 1904-1905 et 1905-1906, René Bichet était entré dans le groupe des amis qui, à partir de 1907, lorsque Jacques les rejoint définitivement à Paris, se retrouvaient chaque dimanche rue Mazarine, puis rue Dauphine et enfin rue Cassini.

Bichet, d'un an plus jeune qu'Henri, était né en février 1887 à Pithiviers. Comme Henri, de souche paysanne, ils avaient en commun l'amour de la terre et de la poésie.

Ses premiers poèmes furent proposés à Gide dès la première année de la *NRF* et publiés dans *La Revue*. Rivière en fit parvenir d'autres par la suite à Gide et il en annonçait de nouveaux lorsque la mort surprit « *le petit poète* ». Ces poèmes furent réunis plus tard et publiés en 1939.

Discret, secret même et modeste, il fut dans ce milieu une douce présence silencieuse qui cachait une âme sensible et belle. Reçu à Normale en 1906 et premier à l'agrégation en 1910, il fut nommé professeur de français à Budapest en 1911.

C'est à son retour en France pour les vacances de Noël 1912 qu'il se laissa entraîner par des camarades à un banquet des anciens de l'école et que certains d'entre eux le persuadèrent d'essayer les délices de la morphine. Il mourut dans la nuit sans avoir repris connaissance.

Isabelle Rivière traça de lui ce portrait : « Pas très grand, trapu, brun, le front marqué de trois grosses rides, les sourcils épais et noirs, qui dessinaient sur son visage presque carré un arc double et continu, auquel répondait l'arc remontant de la grosse moustache, il était parmi nous, – malgré cet aspect au premier coup d'œil un peu bourru, une présence douce et discrète, une gaieté légèrement voilée, un enthousiasme profond mais assourdi, et comme déjà détaché, une gentillesse un peu fermée, – le « *petit poète* » auquel Henri reprochait de ne pas assez croire en lui-même ni à la merveille qu'est le monde, ni que *tout est possible*, alors que simplement pesait sur lui peut-être l'obscur sentiment de sa fin si proche. » (Préface aux *Lettres au petit B.*)

C'est à Bichet que Fournier écrivit quelques-unes de ses plus belles lettres.

Le 2 novembre, Fournier écrit une lettre vigoureuse à Bichet :

> *Allons, allons ! Jeune homme, pas de neurasthénie... Tu n'es pas assez le* Grand Meaulnes *de la première partie, un gonze auprès de qui tout est possible et qui croit en lui et lorsqu'on sort avec lui dans un chemin ou dans la rue, on sent que tout devient possible et que tout à l'heure peut-être, au tournant du chemin il vous montrera du doigt en souriant le Beau Domaine Perdu qu'on n'a jamais vu qu'en rêve.*

Péguy écrit un magnifique poème au sujet de cette mort stupide de Bichet le 20 décembre 1912.

> *Nous venons vous prier pour ce pauvre garçon*
> *Qui mourut comme un sot au cours de cette année,*
> *Presque dans la semaine et devers la journée*
> *Où votre fils naquit dans la paille et le son.*
>
> *Ô Vierge, il n'était pas le pire du troupeau.*
> *Il n'avait qu'un défaut dans sa jeune cuirasse.*
> *Mais la mort qui nous piste et nous suit à la trace*
> *A passé par ce trou qu'il s'est fait dans la peau.*
>
> *Le voici maintenant dedans votre régence.*
> *Vous êtes reine et mère et saurez le montrer.*
> *C'était un être pur. Vous le ferez rentrer*
> *Dans votre patronage et dans votre indulgence.*

René Bichet (1887 - 1912), seule photo connue.

1913

L'ANNÉE DU GRAND MEAULNES

> *Je n'aime la merveille que lorsqu'elle*
> *est étroitement insérée dans la réalité.*

Le Grand Meaulnes est achevé au début de l'année 1913. Le 3 janvier, Henri annonce à Jacques « *la comédie est finie* ». Il est en train de recopier les derniers chapitres. La publication du roman d'Alain-Fournier sera pourtant l'occasion d'un grave différend entre les deux beaux-frères. Depuis six mois, Henri Massis avait retenu le roman pour sa revue *L'Opinion* dont il est l'un des dirigeants, mais l'ouvrage devait tout normalement être édité en volume aux éditions de *La Nouvelle Revue française*.

Simone, la femme de Claude Casimir-Perier, va bouleverser ce plan et s'entremettre auprès d'Émile-Paul. Le 21 avril, elle écrit à Fournier : « Émile-Paul ne veut éditer qu'un très petit nombre d'auteurs et votre roman l'intéresserait dans la mesure où vous seriez candidat – candidat désigné – au prix Goncourt. Cela vous va-t-il ? Si oui, laissez faire. » (*Correspondance Alain-Fournier – Simone*). Et Fournier laisse faire. Il écrit à Copeau, le directeur de la *NRF* le 13 mai 1913 : « *Émile-Paul me prend mon livre, et les circonstances sont telles que je me suis retrouvé lié sans bien l'avoir voulu.* » (Lettres à sa famille)

En compensation, Fournier dont le manuscrit a finalement été refusé par *L'Opinion* le donnera à paraître en revue dans la *NRF* (juillet à novembre), mais le volume sera édité chez Émile-Paul et malgré l'appui de Lucien Descaves, membre du jury, il manquera le prix Goncourt.

Rivière prend très mal ces manœuvres et il lui écrit une lettre si violente que Fournier la déchirera : « *de toute ma période militaire, je n'ai jamais été engueulé comme dans cette lettre* » écrit-il à Rivière et il tente de lui expliquer ce qui s'est passé. (*Correspondance Jacques Rivière – Alain-Fournier*, 2.05.1913) Toutefois ce différend ne ternira pas l'amitié entre les deux beaux-frères, mais dès ce moment la vie de Fournier est tournée

Alain-Fournier. (1913)

Avril 1913
L'arrivée à Caylus au
pas de route avec ma section
de réservistes, mon sabre, blanc sur le
blanc de la poussière, a disparu...
Je t'embrasse ainsi que ton sergent de
mari et la petite mère de Gudule
Henri.

Alain-Fournier menant sa section de réservistes au camp de Caylus. (avril 1913)

ailleurs. Il commece à écrire un nouveau roman : *Colombe Blanchet*, et, sous l'influence de Simone, esquisse une pièce de théâtre : *La Maison dans la forêt*. Aucun des deux ne sera achevé.

Période militaire - 1913

Le 18 mars, mort de Marie-Rose Raimbault, cousine d'Alain-Fournier enlevée à la naissance de son deuxième enfant, à l'âge de vingt-sept ans : « *Je m'étais imaginé qu'après Bichet, le prochain ce serait moi* », écrit-il à Jacques le 25 mars. (*Correspondance Jacques Rivière – Alain-Fournier*)

Du 13 au 28 avril, nouvelle période militaire pour Henri. En route pour Mirande, Henri s'arrête le 10 avril à Bordeaux pour y voir sa sœur et sa filleule Jacqueline en vacances chez les tantes de Jacques. Celui-ci est déjà de retour à Paris pour s'occuper de la *NRF*. Fournier arrive à Mirande le 13 avril. Dès le 14, il part pour les manœuvres dans le Tarn-et-Garonne. Le 15 avril, après une marche sur Caylus, il arrive à

2ᵉ période militaire - 1913, du 13 au 28 avril.

Lacapelle-Livron. Il y cantonne jusqu'au 27 avril. Le 28 avril, lettre à sa mère et retour à Mirande. A Jacques, le 22, il avait précisé « *écrivez-moi à Saint-Projet jusqu'au 26, à Mirande du 26 au 1ᵉʳ (mai), chez Marc Rivière à Rochefort du 1ᵉʳ au 3* ».

« Mais moi je continue à cheminer au fond du trou, menant mon troupeau d'hommes aveugles. Aux bords de l'horizon, la lueur de toutes les étoiles qui sont de l'autre côté nous fait, depuis deux heures, croire à la fin de la nuit. Je pense marcher dans l'eau, tant il me faut lutter pour avancer. A chaque pas, je bute du genou contre l'obscurité. Si je veux savoir ce que j'ai devant moi, j'étends la main. Je ne vois pas mes pieds, j'entends leur bruit pénible et lent, que double le battement de mon cœur. Tout est malaisé ! La pensée même est empêtrée dans ce paysage invisible. Seule, une vanité me reste, comme une petite flamme

A son père. (17.05.1913)

misérable : " De tous les hommes qui geignent ici, me dis-je, je suis le seul à connaître notre mal, qui est l'attente du jour. " Alors s'élève, comme un reproche, la voix de mon frère qui marchait près de moi dans la nuit. J'entends, comme un bâillement, comme s'il demandait grâce, Bertie le paysan m'appeler et dire : " Ho ! qu'il me tarde qu'il fasse jour ! " » (Jacques Rivière, *Miracles*)

Rochefort

En décembre 1912, le frère de Jacques, Marc Rivière, qui faisait ses études de médecine navale à Rochefort, avait appris à Henri qu'il avait rencontré dans cette ville la famille de Quièvrecourt et qu'il jouait au tennis avec la sœur d'Yvonne de Quièvrecourt, Jeanne. Le 11 avril 1913, il écrit à Henri pour lui conseiller de passer à Rochefort en revenant de Mirande. Il lui promet de le présenter. Henri s'y rend le 2 mai et rencontre effectivement Jeanne de Quièvrecourt. Une lettre à Jacques raconte toute l'entrevue. Il rentre à Paris le 4 sans avoir dit à ses parents où il était allé. Mais quelques jours plus tard, Marc lui récrit qu'« Yvonne de Galais » est à Rochefort. Henri repart aussitôt et y arrive, d'après Isabelle, le 16 mai et y reste jusqu'au 19. (Isabelle Rivière, *Vie et Passion d'Alain-Fournier*)

Pendant ces quatre jours, il revoit la jeune femme, cause longuement, amicalement avec elle. Jeanne est mariée, mère de deux enfants qu'Henri fait sauter sur ses genoux. Le dernier jour, il lui fait lire la lettre qu'il avait écrite il y a seize mois et dont il parlait à René Bichet le 2 novembre 1912. « *Il m'a fallu sept mois pour me décider à écrire la lettre que je porte maintenant dans la poche droite de mon veston.* » La jeune femme, très troublée, lui rend la lettre sans rien dire. Il ne nous en reste que le brouillon.

C'est Henri lui-même qui a noté ces événements dans un petit carnet noir conservé pieusement après sa mort. Malheureusement aucune lettre ni aucun document ne précisent exactement la date de ce deuxième voyage à Rochefort. Le jeune homme quitte Rochefort ; il ne reverra jamais la jeune femme, mais il lui écrira encore des lettres dont plusieurs ne seront pas envoyées. Lorsque paraît *Le Grand Meaulnes*, Fournier le lui envoie à Toulon, dédicacé. Le mari d'Yvonne fera lire plus tard à ses deux enfants le roman d'Alain-Fournier et leur révèlera que leur mère en est l'héroïne.

Vacances 1913

Le Grand Meaulnes commence à paraître en livraisons mensuelles dans la *NRF* de juillet. Il se terminera dans le numéro de novembre. Simone, à Londres, où elle joue *Le Secret* depuis le 23 juin, rentre à Paris le 28 et se retire à Trie-la-Ville avec Claude, son mari. Henri vient les rejoindre les fins de semaine tandis que les Rivière sont en vacances à Bénerville chez les Gallimard. Henri écrit de Trie à Jacques le 12 juillet et envoie télégrammes sur télégrammes pour la correction des épreuves du *Grand Meaulnes* qui n'arrivent qu'avec retard. Un projet de rencontre à Deauville, entre Henri et les Perier et Jacques et les Gallimard, échoue finalement et les Rivière quittent Bénerville le 2 août, repassent à Paris et partent pour La Chapelle où Henri les rejoint le 9 août. Le 23, il écrit à « Yvonne de Galais », puis à Jacques : « *C'était vraiment, c'est vraiment le seul être au monde qui eût pu me donner la paix et le repos. Il est probable maintenant que je n'aurai pas la paix dans ce monde.* » (Correspondance Jacques Rivière – Alain-Fournier, 4.09.1913)

Henri quitte La Chapelle avant la fin du mois d'août pour rejoindre Simone à Cambo le 26 tandis que les Rivière partent pour Cenon. A

Au premier plan, Jacqueline Rivière à La Chapelle-d'Angillon. (08.1919)

Les maisons, où l'on entrait en passant sur un petit pont de bois, étaient toutes ali-gnées au bord d'un fossé qui descendait la rue, comme autant de barques, voiles car-guées, amarrées dans le calme du soir. (Le Grand Meaulnes)

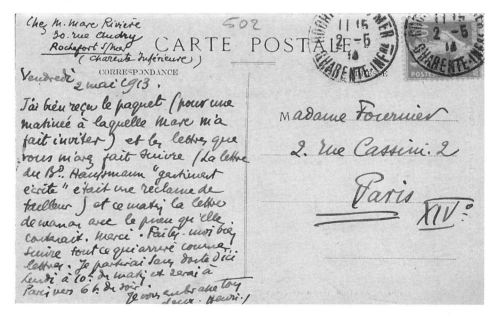

A sa mère. (2.05.1913)

Cambo, Fournier fait de longues promenades et assiste à des corridas. On rentre à Paris par la route. Au passage, les Perier acceptent de s'arrêter d'abord à Cenon le 11 septembre où leur présence ne va pas sans créer quelques difficultés à Jacques de la part de sa famille, puis à La Chapelle où ils demeurent quelques jours dans la petite maison de maman Barthe. Les Perier repartent le 19 septembre. Henri les accompagne jusqu'à Gien où il les quitte et reprend le train pour rentrer à La Chapelle. Retour à Paris le 23 septembre.

Simone

Depuis un an que Fournier a été engagé comme secrétaire de Claude Casimir-Perier, il a partagé la vie du couple jusqu'à en devenir peu à peu l'intime. Simone, sensible à son charme particulier qui la change de l'atmosphère artificielle dans laquelle elle vit, en fait progressivement son compagnon et son homme de confiance.

A Bichet, le 2 novembre 1912, Fournier avoue : « *J'ai en ce moment toute la confiance de Simone qui, partie en Amérique, me charge d'une mission fort grave. Cela me met en relation avec d'illustres types pour qui je me sens la plus parfaite indifférence, quand ce n'est pas de la pitié.* »

Simone, de son côté, rend témoignage de la parfaite courtoisie du « secrétaire » et dès la première rencontre affirme : « J'ai tout de suite vu que j'avais affaire à un gentilhomme. » L'actrice adulée joue les pièces à la mode : Bernstein, Rostand, Donnais, etc. et y invite Henri dans sa loge. Cela devient une habitude. Elle l'emmène également dans sa propriété de Trie-la-Ville où il lui apporte le manuscrit du *Grand Meaulnes* achevé et le fait lire à Simone qui s'en déclarera « charmée ». Mais Simone souhaite connaître la famille d'Alain-Fournier et se faire connaître d'elle. A la première visite, la mère d'Alain-Fournier, éblouie, conçoit pour Simone un sentiment que son fils priera Claude de lui transmettre en ces termes : « *Voulez-vous bien dire à Madame Casimir-Perier que ce que ma mère a pour elle est non seulement de l'admiration mais de l'adoration.* »

La femme divorcée de Le Bargy, l'épouse en titre de Claude Casimir-Perier, ne ménage plus ses avances. Le 1ᵉʳ avril, Simone se fait accompagner par Jacques aux Indépendants et le 3 les parents Fournier assistent au théâtre à la pièce de Bernstein que joue Simone : *Le Secret*. Le 10 avril, Alain-Fournier part pour sa période militaire et son esprit se tourne de nouveau vers « Yvonne de Galais ». Au retour de son premier voyage, il avouera tout à Simone qui en conçoit une vive jalousie (Simone, *Sous de nouveaux soleils*).

Il est difficile de savoir si ce retour est postérieur ou antérieur au 29 mai. Ce qui est sûr c'est qu'à cette date a lieu la première du *Sacre du Printemps* de Stravinsky. Après la représentation qui fut un charivari, la musique et les ballets étant conspués par le public, Henri rejoint Simone au théâtre où elle joue toujours *Le Secret* pour la 86e fois. Simone emmène alors le jeune homme chez elle et le garde jusqu'à l'aube.

Le 1er juin Henri lui écrit : « *Sachez que je vous aime... La nuit du Sacre, en rentrant, j'ai vu qu'une chose était finie dans ma vie et qu'une autre commençait, une chose admirable, plus belle que tout, mais terrible et peut-être mortelle.* »

En ces jours de 1913 trois grands courants s'entrecroisent dans la vie de Fournier : son amour pour Yvonne réveillé par la visite à Rochefort, ses préoccupations pour la publication de son roman, et enfin son amour naissant pour Simone.

Alain-Fournier. (1913)
« *Je suis de ceux que les femmes rendent malheureux.* » (La Maison dans la forêt).

Isabelle, qui a été au courant depuis le début, en informe Jacques. Henri lui écrit le 12 juillet, de Trie-la-Ville, à Bénerville où les Rivière sont en vacances chez les Gallimard : « *Le bonheur est une chose terrible à*

Vous êtes belle, dit-il simplement. (Le Grand Meaulnes)
Illustration de Berthold Mahn pour *Le Grand Meaulnes*.

supporter, surtout lorsque ce bonheur n'est pas celui pour quoi on avait arrangé toute sa vie. » (Correspondance Jacques Rivière – Alain-Fournier)

Son amitié pour Péguy lui permet aussi de se confier à lui, mais Péguy refuse de s'ériger en directeur de conscience et d'apporter aucun conseil à la différence de Rivière qui répondra sagement : « Dans l'histoire qui t'arrive... ou bien tu resteras tourné vers le passé, et de ce côté il ne peut rien y avoir que de stérile, ou bien le présent remplacera le passé, le fera oublier, mais tu ne peux attendre que d'amères joies d'un amour si tardif. » (*Correspondance Jacques Rivière – Alain-Fournier*, 8.08.1913)

Prix Goncourt

Publié chez Émile-Paul à l'instigation de Simone, au lieu de paraître à la *NRF* comme c'eût été normal, *Le Grand Meaulnes* est donné par la presse comme le prix Goncourt 1913. Le Président du jury, Lucien Descaves, en est le plus convaincu des partisans mais il se heurte à une opposition sans doute aggravée par la campagne menée par Simone.

Alain-Fournier. (1913)

Après onze tours de scrutins qui n'arrivèrent pas à dégager une majorité, l'académie Goncourt se rabattit finalement sur un outsider : Marc Elder pour *Le Peuple de la mer*.

Alain-Fournier avait écrit à son ami Rivière quelques mois plus tôt : « *Je ne demande ni prix, ni argent, mais je voudrais que* Le Grand Meaulnes *fût lu.* » (Correspondance Jacques Rivière – Alain-Fournier, 2.05.1913). Et à Bichet : « *Le Prix Goncourt vous empêche à jamais d'être aimé comme il faut par ces inconnus admirables de qui l'on veut être aimé.* » (*Lettres au petit B.*, 2.11.1912)

La presse fut presque unanime à stigmatiser le choix du jury Goncourt et « la question des Prix littéraires » fut un sujet de débat virulent en cette fin de l'année 1913, dans les revues et les journaux.

Cet accueil de la critique ne laissait cependant pas présager que le livre unique d'Alain-Fournier pût atteindre la notoriété universelle qu'il a connue depuis et qui en fait non seulement un best-seller permanent, mais un véritable classique.

> *Ce que Jacques dit de mon enfance est très vrai et très beau. Meaulnes, le grand Meaulnes, le héros de mon livre est un homme dont l'enfance fut trop belle. Pendant toute son adolescence, il la traîne après lui. Par instants, il semble que tout ce paradis imaginaire qui fut le monde de son enfance va surgir au bout de ses aventures, ou se lever sur un de ses gestes. Ainsi, le matin d'hiver où, après trois jours d'absence inexplicable, il rentre à son cours comme un jeune dieu mystérieux et insolent. Mais il sait déjà que ce paradis ne peut plus être. Il a renoncé au bonheur. Il est dans le monde comme quelqu'un qui va s'en aller. C'est là le secret de sa cruauté. Il découvre la trame et révèle la super-cherie de tous les petits paradis qui s'offrent à lui – le jour où le bonheur indéniable, inéluctable se dresse devant lui, et appuie contre le sien son visage humain, le grand Meaulnes s'enfuit non point par héroïsme mais par terreur, parce qu'il sait que la véritable joie n'est pas de ce monde.*
>
> *Je ne sais d'ailleurs pas si ce sera bien le grand Meaulnes le héros du livre – ou Seurel ? ou Anne des Champs ? ou moi, qui raconte.*
>
> *Je ne sais pas non plus si les idées que je viens de dire sont bien celles du livre.* (Correspondance Jacques Rivière – Alain-Fournier, 4.04.1910)

A Jacques Rivière. (14.03.1914)

A Isabelle Rivière. (14.03.1914)

1914

*Peut-être la mort seule nous donnera la clef
et la suite et la fin de cette aventure manquée...*

Nous n'avons que peu de documents sur cette période du début de l'année 1914. Nous savons cependant que Fournier s'est mis aussitôt à un nouveau roman, mais sur les instances de Simone, il entreprend, toutes affaires cessantes, une pièce de théâtre où l'actrice prétend déjà jouer un rôle, de même que, dans le roman, elle a suggéré d'introduire un personnage qui semble bien lui ressembler : Émilie.

Alain-Fournier. (1913)

De ces deux tentatives, rien ne verra le jour et Henri Fournier sera fauché par la guerre avant d'avoir pu y mettre la dernière main. Il ne nous reste du roman *Colombe Blanchet* et de la pièce de théâtre *La Maison dans la forêt* que des ébauches et des brouillons très raturés.

Cependant Claude Casimir-Perier va poser sa candidature de député dans l'Hérault. Il emmène alors Alain-Fournier à Béziers pour préparer sa campagne électorale. De Béziers, Fournier envoie une carte à Yvonne de Quièvrecourt à Toulon (14 mars 1914) en même temps qu'à sa sœur Isabelle et à Jacques séparément, puis il rentre aussitôt à Paris avec les Perier. Fournier rédigera encore quelques affiches et des articles électoraux dans un journal éphémère de province, mais son « patron » subira un échec assez cuisant le 26 avril, dès le premier tour.

Au milieu de mai, Simone va s'installer à Trie pour se reposer d'une « courte maladie ». Fournier l'y rejoint et tente de reprendre sa pièce sans parvenir à trouver le ton qui plairait à Simone.

En juin, Isabelle part pour Lacanau avec Jacqueline qui a besoin de changer d'air. Jacques les rejoindra le 4 juillet, mais le 26, Henri s'inquiète d'être sans nouvelles et lui envoie les siennes : il a abandonné la pièce pour se remettre au roman. (*Lettres à sa famille*)

Le 17 juillet Simone quitte Paris en auto avec Henri et donne rendez-vous aux Rivière le 20 à Bordeaux à l'*Hôtel de France*. Ils déjeunent ensemble tous les quatre, puis la voiture repart pour Cambo. Jacques et Isabelle ne reverront jamais Henri.

La guerre

Le 1er août, Fournier est mobilisé comme son beau-frère Jacques Rivière. Il écrit à sa sœur : « *Je pars content.* » Jacques est dans le même corps d'armée que lui : le 17e. Il se rend à Marmande pour rejoindre son unité tandis qu'Alain-Fournier part en auto de Cambo pour Mirande avec Simone. Ils y parviennent le 2 août à minuit. Il est promu lieutenant. Le 4 août, il écrit à sa sœur. Le 8 août, les parents Fournier arrivent à Mirande après avoir passé à Marmande pour voir Jacques. Le 9 août, le 288e R.I. part à pied pour Auch d'où le régiment s'embarque en train le 12 août à 9 heures du soir. Le 13, il envoie de Périgueux une carte postale à Isabelle, le 14, une autre carte à l'image

A Isabelle Rivière. (14.08.1914)

A Isabelle Rivière. (12.08.1914). P. désigne Pauline (Benda), dite « Simone ».

Alain-Fournier. (1909)

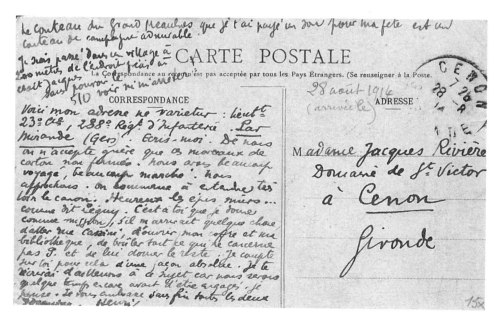

A Isabelle Rivière. (28.08.1914)

A Isabelle Rivière, le 11.09.1914, sa dernière lettre.

de Sainte-Solange-en-Berry « *en route vers le Nord-Est* ». Le 28, toujours à Isabelle : « *on commence à entendre très loin le canon.* " *Heureux les épis mûrs* "... *comme dit Péguy.* »

Le 1er septembre, le 288e entre dans la bataille. Péguy est tué le 7 septembre 1914 à Villeroy. Pendant ce temps, Isabelle s'installe à Bordeaux dans la famille de Jacques. A son tour, Simone, suivie de Madame Fournier, arrive à Bordeaux espérant agir auprès du gouvernement et spécialement d'Aristide Briand, pour faire retirer Henri du front, sans résultat, naturellement. Le 11 septembre, Henri écrit à Isabelle une dernière carte qu'elle recevra le 21.

Le 22 septembre Henri Alain-Fournier est tué sur les Hauts de Meuse. Son corps ne sera retrouvé que soixante-dix-sept ans plus tard dans la fosse commune où l'avait enterré les Allemands avec vingt de ses camarades. Le 10 novembre 1992, tous ont été réinhumés dans une tombe individuelle dans le cimetière militaire du secteur de Saint-Rémy-la-Calonne.

Derniers combats

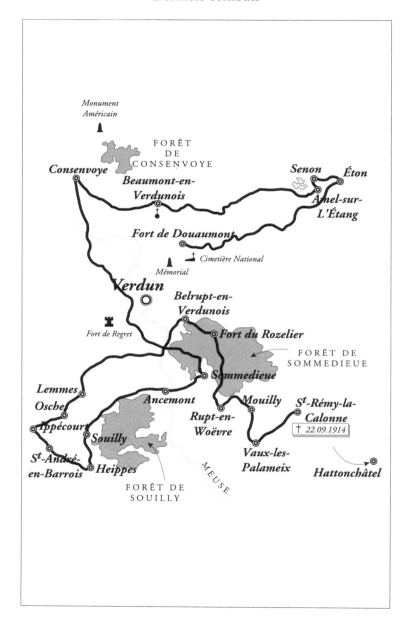

Monument
Américain

FORÊT
DE
CONSENVOYE

Consenvoye

Beaumont-en-
Verdunois

Senon   Éton

Amel-sur-
L'Étang

Fort de Douaumont

Cimetière National

Mémorial

Verdun

Belrupt-en-
Verdunois

Fort de Regret

Fort du Rozelier

FORÊT DE
SOMMEDIEUE

Sommedieue

Lemmes
Osche

Ancemont

Mouilly

St-Rémy-la-
Calonne

Rupt-en-
Woëvre

† 22.09.1914

Ippécourt

Souilly

Vaux-les-
Palameix

Hattonchâtel

St-André-
en-Barrois   Heippes

MEUSE

FORÊT DE
SOUILLY

Alain-Fournier. (septembre 1905)

Comment rattraper sur la route terrible où elle nous a fuis, au-delà du spécieux tournant de la mort, cette âme qui ne fut jamais tout entière avec nous, qui nous a passé entre les mains comme une ombre rêveuse et téméraire. (Jacques Rivières, Introduction à *Miracles*.)

Il faut que nous pensions à lui comme à quelqu'un de « sauvé ».

TABLE DES MATIÈRES

ÉLÉMENTS BIBLIOGRAPHIQUES

Alain-Fournier, auteur du *Grand-Meaulnes*, n'est pas, comme on le croit généralement, l'homme d'un seul livre. En réalité, il a laissé derrière lui une œuvre considérable. Sa sœur Isabelle, à laquelle il a dédicacé son roman, employa toute sa vie à révéler cette œuvre. Ce sont essentiellement ses correspondances et ses poèmes, antérieurs à la parution du *Grand Meaulnes*. Depuis la mort d'Isabelle en 1971, son fils, Alain Rivière, a publié de plus son œuvre de journaliste et l'ébauche d'un roman, *Colombe Blanchet*. Il a également réédité et complété les correspondances avec Jacques Rivière, sa famille, René Bichet, Charles Péguy, André Lhote et quelques autres amis artistes ou confrères. Il a révélé les brouillons du *Grand Meaulnes* et augmenté l'édition de ses poèmes publiés pour la première fois par Jacques Rivière en 1924, sous le titre de *Miracles*.

A ce fond, il faut ajouter les souvenirs personnels d'Isabelle sur son frère : *Images d'Alain-Fournier* et *Vie et Passion d'Alain-Fournier*, et sa propre autobiographie : *Le Bouquet de Roses rouges*.

Alain-Fournier : *Le Grand Meaulnes*, Émile-Paul, Paris, 1913 ; Fayard.
Alain Rivière : *Isabelle Rivière ou la passion d'aimer*, Fayard 1989, Paris.
Jean Loize : *Alain-Fournier, sa vie et Le Grand Meaulnes*, Hachette, Paris, 1968.
Bulletin de l'Association des Amis de Jacques Rivière et d'Alain-Fournier,
31, rue Arthur Petit, 78220 Viroflay.

Alain-Fournier – Jacques Rivière, Gallimard, Paris, 1926 (2 vol.), réédité en 1990.
Alain-Fournier : *Lettres à sa famille (et à quelques autres)*, Plon, Paris, 1930 ;
Fayard, Paris, 1991.
Alain-Fournier : *Lettres au petit B.,* (Bichet), Claude Aveline, Paris, 1930 ;
Fayard, Paris, 1986.
Alain-Fournier – Charles Péguy. Paysage d'une amitié, Fayard, Paris, 1990.
Jacques Rivière – André Lhote – Alain-Fournier, La peinture, le cœur et l'esprit,
William Blake, Bordeaux 1986.
Alain-Fournier. *Le Grand Meaulnes, Miracles et les brouillons*, Garnier, collection
Les classiques Garnier, Paris, 1986.
Alain-Fournier : *Colombe Blanchet* (ébauches), le Cherche Midi éditeur, Paris
1989.
Alain-Fournier : *Chroniques et critiques*, le Cherche Midi éditeur, Paris, 1991.
Isabelle Rivière : *Images d'Alain-Fournier*, Émile-Paul, Paris 1938 ; Fayard,
Paris, 1986.
Le Bouquet de Roses rouges, Jaspard et Polus, Monaco, 1963, Corrêa, Paris, 1935 ;
Livre de Poche Hachette.

DANS LA COLLECTION « AMOR FATI »
AU CHERCHE MIDI ÉDITEUR

ALAIN-FOURNIER
COLOMBE BLANCHET
Esquisses d'un second roman
(inédit)
*Préface d'*ALAIN RIVIÈRE

ALAIN-FOURNIER
**CHRONIQUES ET
CRITIQUES**
Présenté par ANDRÉ GUYON

FRIEDRICH NIETZSCHE
PREMIERS ÉCRITS
**Le monde de prend tel
que tu te donnes**
*Traduction et préface
de* Jean-Louis Backès

TRISTAN BERNARD
**SOUVENIRS ET
ANECDOTES**
Textes inédits

GUILLAUME ORGEL
**LA NUIT DE
SAINTE-AGATHE**
Une suite au Grand Meaulnes
*Préface d'*ALAIN RIVIÈRE

Dépôt légal : septembre 1994
N° d'édition : 329 - N° d'impression : 65983
ISBN : 2-86274-329-1